Tucholsky Wagner Zola Scott Sydow Freud Schlegel
Turgenev Wallace Fonatne

Twain Walther von der Vogelweide Fouqué Friedrich II. von Preußen
Weber Freiligrath Frey
Fechner Fichte Weiße Rose von Fallersleben Kant Ernst Richthofen Frommel
Engels Fielding Hölderlin
Fehrs Faber Flaubert Eichendorff Tacitus Dumas
Eliasberg Ebner Eschenbach
Feuerbach Maximilian I. von Habsburg Fock Eliot Zweig
Ewald Vergil
Goethe Elisabeth von Österreich London
Mendelssohn Balzac Shakespeare Dostojewski Ganghofer
Lichtenberg Rathenau
Trackl Stevenson Doyle Gjellerup
Tolstoi Hambruch
Mommsen Thoma Lenz Hanrieder Droste-Hülshoff
Dach Verne von Arnim Hägele Hauff Humboldt
Reuter Hagen
Karrillon Garschin Rousseau Hauptmann Gautier
Damaschke Defoe Hebbel Baudelaire
Descartes Hegel Kussmaul Herder
Wolfram von Eschenbach Dickens Schopenhauer Rilke George
Bronner Darwin Melville Grimm Jerome Bebel Proust
Campe Horváth Aristoteles
Bismarck Vigny Barlach Voltaire Federer Herodot
Gengenbach Heine
Storm Casanova Tersteegen Grillparzer Georgy
Chamberlain Lessing Langbein Gilm Gryphius
Brentano Lafontaine
Strachwitz Claudius Schiller Kralik Iffland Sokrates
Bellamy Schilling
Katharina II. von Rußland Gerstäcker Raabe Gibbon Tschechow
Löns Hesse Hoffmann Gogol Wilde Gleim Vulpius
Luther Heym Hofmannsthal Klee Hölty Morgenstern Goedicke
Roth Heyse Klopstock Kleist
Luxemburg Puschkin Homer Mörike Musil
La Roche Horaz
Machiavelli Kierkegaard Kraft Kraus
Navarra Aurel Musset
Nestroy Marie de France Lamprecht Kind Kirchhoff Hugo Moltke
Laotse Ipsen Liebknecht
Nietzsche Nansen Ringelnatz
Marx
von Ossietzky Lassalle Gorki Klett Leibniz
May vom Stein Lawrence Irving
Petalozzi Platon Knigge
Sachs Poe Pückler Michelangelo Kock Kafka
Liebermann Korolenko
de Sade Praetorius Mistral Zetkin

Der Verlag tradition aus Hamburg veröffentlicht in der Reihe **TRADITION CLASSICS** Werke aus mehr als zwei Jahrtausenden. Diese waren zu einem Großteil vergriffen oder nur noch antiquarisch erhältlich.

Symbolfigur für **TRADITION CLASSICS** ist Johannes Gutenberg (1400 — 1468), der Erfinder des Buchdrucks mit Metalllettern und der Druckerpresse.

Mit der Buchreihe **TRADITION CLASSICS** verfolgt tradition das Ziel, tausende Klassiker der Weltliteratur verschiedener Sprachen wieder als gedruckte Bücher aufzulegen – und das weltweit!

Die Buchreihe dient zur Bewahrung der Literatur und Förderung der Kultur. Sie trägt so dazu bei, dass viele tausend Werke nicht in Vergessenheit geraten.

Malerbriefe

Beiträge zur Theorie und Praxis der Malerei

Wilhelm Ostwald

Impressum

Autor: Wilhelm Ostwald
Umschlagkonzept: toepferschumann, Berlin

Verlag: tradition GmbH, Hamburg
ISBN: 978-3-8424-9241-7
Printed in Germany

Text der Originalausgabe

Wilhelm Ostwald

Malerbriefe

Beiträge zur Theorie und Praxis der Malerei

1904

Leipzig Verlag von S. Hirzel

Druck von Breitkopf & Härtel in Leipzig.

Vorbemerkungen

Die nachfolgenden Briefe sind zum Teil bereits am Ende des vorigen und am Anfange dieses Jahres in der wissenschaftlichen Beilage der Münchener Allgemeinen Zeitung erschienen. Sie haben mir schon damals eine Anzahl brieflicher Anfragen, Einwendungen, Bestätigungen und anderer Mitteilungen eingebracht, die zum Teil Anlass zu den Erweiterungen gegeben haben, welche sich in dieser Buchausgabe vorfinden. Ich hoffe sehr lebhaft auf weitere derartige Mitarbeit, insbesondere aus den Kreisen der Berufskünstler, damit ich erfahre, nach welchen Richtungen meine Darlegungen gelegentlich einer etwaigen späteren Auflage zu verbessern oder zu ergänzen sind.

Im übrigen bin ich mir bewusst, dass mein Widerspruch gegen mancherlei durch das Alter geheiligte Ansichten nicht verfehlen wird, Widerspruch gegen dies Buch hervorzurufen. Doch bin ich wohl nicht der einzige, der den bisherigen antiquarischen und »philosophischen« Betrieb der Kunstwissenschaften unbefriedigend findet, und an seine Stelle das wissenschaftliche Verfahren gesetzt zu sehen wünscht, durch welches allein dauerhafte Ergebnisse bisher haben erreicht werden können, das empirisch-experimentelle. Wenn dieses uns auch nur zunächst von der einseitigen Überschätzung der Leistungen gewisser Kunstepochen zu befreien helfen würde, so wäre allein dadurch unübersehbar viel für eine wirkliche, d. h. innerliche Entwicklung unserer Kunst gewonnen.

Leipzig, März 1904.
W. Ostwald.

I. Physikochemische Seite der malerischen Technik. Der Künstler und sein Handwerk. Die Zeichnung: Vorgänge dabei und Dauerhaftigkeit der erzielten Produkte. Das Papier und die Fixiermittel

Lieber Freund!

Sie sprachen neulich im Anschluss an unsere Unterhaltungen in Ihrem Atelier den Wunsch aus, die privaten Vorträge über malerische Technik, zu denen Sie mich durch Ihr eifriges und verständnisvolles Fragen verführt hatten, Ihren Kunstgenossen allgemeiner zugänglich gemacht zu sehen. Damit haben Sie eine leicht ertönende Saite in meinem Gemüt berührt, denn ich selbst danke bei meinen dilettantischen Versuchen in Ihrer Kunst so vieles der unwillkürlich sich einstellenden Anwendung meiner Wissenschaft, dass ich mich leicht überreden lasse, diese Dinge könnten auch anderen von Nutzen sein. So lassen Sie denn das wiederholt Besprochene nochmals über sich ergehen und verzeihen Sie einem alten Lehrer, wenn er den durch Zufälligkeiten geführten Zickzackgang des freundschaftlichen Gespräches durch einen systematischen Vortrag ersetzt.

Zwar kann ich nicht daran denken, das Gesamtgebiet der malerischen Technik vollständig durchzunehmen, schon deshalb nicht, weil ich noch nicht Gelegenheit gehabt habe, alle bekannten Verfahren persönlich zu erproben. Dann aber ziehe ich auch in Betracht, dass in verschiedenen, z. T. in jüngster Zeit erschienenen Werken[1] die *chemische* Seite der Malerei in vortrefflicher Weise behandelt wird, so dass ich vieles nur wiederholen könnte, was bereits von zuständiger Stelle dargelegt worden ist. Neben der chemischen Seite der Sache gibt es aber noch eine *physikalische* und eine *physikochemische*; Sie werden es natürlich finden, dass ich diese mir wissenschaftlich näher stehenden Betrachtungsweisen auch in meiner Darstellung mehr zur Geltung kommen lasse, als die rein chemische, so bedeutungsvoll diese ist. In der Tat ist diese letztere bereits in den besten Händen; die »Gesellschaft zur Forderung rationeller

---

[1] Besonders empfehlenswert ist Linke, Die Malerfarben, Stuttgart, 1904.

Malverfahren« in München hat schon Erhebliches geleistet und
wird noch viel mehr leisten können, wenn sie von der zunächst
beteiligten Seite, den Künstlern, nur sachgemäss in Anspruch genommen wird.

Eine andere Sorge, die ich Ihnen aussprach, dass ich schliesslich
doch nur Allbekanntes erörtern würde, haben Sie mit dem Hinweis
zu beruhigen gesucht, dass es unter allen Umständen für den aus-
übenden Künstler ein Vorteil sei, wenn er die Dinge, die er aus täg-
licher Erfahrung auszuführen gewohnt ist, einmal im Lichte der
Wissenschaft erblicke, sei die Rolle der Wissenschaft auch noch so
bescheiden. Das kann ich gelten lassen; ist doch die Wissenschaft
überall dazu da, die Praxis zu erleichtern, indem sie erkennen lässt,
was wesentlich und was unwesentlich ist. Einen anderen Einwand,
der mir gelegentlich aus Künstlerkreisen gemacht worden ist,
möchte ich dagegen hier gleich bekämpfen. Es ist dies die Befürchtung, dass durch wissenschaftliche Erörterung die *künstlerische In-
spiration* gehemmt und das Kunstwerk nüchtern gemacht würde.
Hier handelt es sich ja doch zunächst nur um das rein Handwerks-
mässige der Kunst; und es scheint mir gar keinem Zweifel unterworfen, *dass ein jeder Künstler um so freier schaffen wird, je sicherer er
das Handwerk beherrscht.* Auch die Erfahrung spricht dafür; man
braucht nur eine der vielen Veröffentlichungen durchzusehen, in
denen wir Nachricht über die Arbeitsweise *Böcklins* erhalten. Überall tritt die unablässige Übung und Forschung hervor, welche dieser
grosse Meister der Phantasie an das Handwerk seiner Kunst ge-
wendet hat. Mir ist es gerade umgekehrt unzweifelhaft geworden,
dass durch die eingehende Beschäftigung mit dem *Material* die
schaffende Farbenphantasie dieses Künstlers häufige Anregung
erhalten hat.

So lassen Sie sich denn die nachfolgenden »Selbstverständlichkei-
ten« freundlichst gefallen!

Die verschiedenen Verfahren der Malerei unterscheiden sich
nicht sowohl durch die Natur der angewendeten Farbstoffe, als
durch die Beschaffenheit der *Bindemittel*, mittels deren die Farbstoffe (im allgemeinen pulverförmige feste Körper) auf der Unterlage
festgehalten werden. Vom Bindemittel hängt also einerseits die

besondere Technik des Auftrages und der weiteren Behandlung ab, andrerseits aber auch die Wirkung der Farbe auf das Auge und endlich die Haltbarkeit des erzeugten Bildes. Daher werden wir in der Folge vorzugsweise uns mit den Bindemitteln zu beschäftigen haben.

Ohne chemisches Bindemittel werden zunächst alle *Zeichnungen* im engeren Sinne hergestellt. Man erzeugt sie, indem man mit dem in Stangen oder Stifte geformten Farbstoffe die gewünschten Linien und Flächen ausführt, wobei durch schwächeres und stärkeres Aufdrücken des Stiftes, bezw. durch einmalige oder wiederholte Behandlung der Fläche alle Übergänge zwischen der Farbe der Unterlage und der des Farbstoffes hervorgebracht werden können.

Damit ein solches Verfahren ausführbar ist, muss zunächst die Unterlage *rauh* sein. Die rauhe Unterlage wirkt wie eine Feile auf den Stift und entnimmt ihm Substanz in Gestalt eines Pulvers, welches an den Stellen liegen bleibt, über welche der Stift geführt worden war.

Ob auf solche Weise bereits eine einigermassen *dauerhafte* Zeichnung hergestellt werden kann, hängt von der *Feinheit* des Farbpulvers ab, welches der Stift an die Unterlage abgibt. Ist es sehr fein, so findet jedes Körnchen in den Unebenheiten der Unterlage Unterkunft und Ruhe und wird durch Schütteln, Klopfen, auch Berühren nicht gestört. So verhält sich beispielsweise der *Graphit*, aus dem die gewöhnlichen *Bleistifte* bestehen. Da indessen die Körnchen nur frei in den Unebenheiten der Unterlage liegen, nicht aber durch irgend ein Klebemittel festgehalten werden, so können sie durch starke oder wiederholte mechanische Beanspruchung verschoben, herausgeworfen, kurz von ihrem Ort entfernt werden. Die Bleistiftzeichnung ist somit auch dem Verwischtwerden unterworfen. Hierauf beruht die Entfernung der Bleistiftstriche mit Radiergummi. Die weichen Sorten (von dunkler Farbe) wirken auf Grund ihrer etwas klebrigen Beschaffenheit, vermöge deren sie die Körnchen aus ihren Lagern herausholen. Die härteren Sorten enthalten ausserdem Beimischungen scharfer Pulver, welche die Unterlage abschleifen, auf der sich die Zeichnung befindet, und so die Körnchen gleichzeitig mit ihren Trägern oder Umgebungen entfernen.

Will man eine derartige Zeichnung unverwischbar machen, so muss man jedes Körnchen an der Stelle, an der es sich befindet, *festkleben.* Dies geschieht durch Übergiessen oder Bespritzen mit irgend einem Klebstoff. Dieser braucht nur in sehr geringer Menge (also in sehr verdünnter Lösung von 1 bis 5 Prozent) aufgetragen zu werden, da er nur sehr geringe Mengen des Farbstoffes zu binden hat.

Es ist hiernach leicht zu verstehen, dass eine solche Stiftzeichnung um so leichter verwischbar sein wird, und daher um so mehr der Fixierung bedarf, je gröber das Farbpulver, je weniger rauh die Unterlage und je dicker der Auftrag ist. So ist bereits schwarze oder rote Kreide bedeutend weniger feinkörnig als Graphit, und am gröbsten sind die Teilchen der Zeichenkohle, da diese, die aus den verkohlten Wänden der Zellen des Holzes besteht, überhaupt erst durch die feilenartige Wirkung der Unterlage in Pulver verwandelt wird.

Die Rolle der *Unterlage,* als welche fast ausschliesslich Papier dient, ist hiernach bei Stiftzeichnungen eine doppelte. Ein gewisser Grad von Rauhigkeit ist zunächst notwendig; je glatter die Oberflache ist, um so weniger Pulver kann sie abfeilen und um so weniger bietet sie dem Pulver Gelegenheit, sich zu befestigen. Um hier kräftigere Züge zu erzielen, muss man entsprechend starker aufdrücken, wodurch beide Wirkungen, das Feilen und das Befestigen, verstärkt werden. Somit wird man für die feinsten Pulver (Bleistift) auch noch die glattesten Papiere anwenden können (wenn andere Gründe dafür Anlass geben) und muss für Kreide und Kohle zunehmend rauhere Papiere nehmen.

Die andere Aufgabe der Unterlage ist, als *Träger* des fertigen Kunstwerkes zu dienen. Hierzu gehört ein möglichst grosses Mass *chemischer* und *mechanischer Widerstandsfähigkeit.*

Die chemische Widerstandsfähigkeit bezieht sich hauptsachlich auf die Unveränderlichkeit gegen die oxydierende Wirkung des in der Luft enthaltenen Sauerstoffes. Dies ist ein Einfluss, der ohne ungewöhnliche Mittel nicht ausgeschlossen werden kann und der daher *stets* in Rechnung gesetzt werden muss. Auch in der Folge wird er eine immer wiederkehrende Berücksichtigung beanspruchen. Die reine Pflanzenfaser oder *Cellulose,* aus welcher gutes Zeichenpapier besteht, ist äusserst beständig, ebenso der Leim, mit welchem das Papier gehärtet zu werden pflegt. Dies beweisen uns die viele Jahrhunderte alten Papiere, die wir in Bibliotheken und Archiven vorfinden. Unbeständig ist dagegen der Holzschliff, welcher bei dem riesig gesteigerten Bedarf gegenwärtig den geringeren Papieren zugesetzt wird, und zwar ist er um so unbeständiger, je weniger chemische Nachbehandlung er erfahren hat. Die chemischen Veränderungen zeigen sich einerseits in der gelben bis braunen Färbung, welche derartige Papiere im Lichte (am schnellsten natürlich in direktem Sonnenlicht) annehmen, andererseits in dem Verlust an Festigkeit. Beide Vorgänge, das Vergilben und das Bröcklichwerden, finden auch ohne die Mitwirkung des Lichtes statt, nur viel langsamer.

Der Künstler, welcher möglichst dauerhafte Erzeugnisse herstellen will, wird derartige Papiere sorgfaltig meiden. Man kann sie meist erkennen, wenn man einen Streifen des zu prüfenden Papieres wie ein Buchzeichen halb in ein Buch legt und die herausragende Seite dem direkten Sonnenlichte aussetzt. Einige Stunden pflegen zu genügen, um die Veränderungen der belichteten Hälfte gegenüber der geschützten bei verdächtigem Papier erkennbar zu machen.

Über die mechanische Widerstandsfähigkeit unterrichtet man sich durch einen Reissversuch, der genügende Auskunft gibt. Blätter welche bewegt werden, wie in Mappen usw. aufbewahrte, befestigt man auf einer grösseren Unterlage von steifem Papier, welche die mechanischen Beanspruchungen zunächst auszuhalten hat. Damit diese Unterlage nötigenfalls gewechselt werden kann, heftet man das Blatt nur so weit an, dass es beim Bewegen keine Falten bekommt, im Notfalle aber ohne Verletzung leicht abgelöst werden kann.

Was das *Fixiermittel* anlangt, so kann, wie erwähnt, so gut wie jeder Klebstoff dienen. Dieser muss in irgend einer Flüssigkeit aufgelöst sein, und hier gibt es die beiden grossen Gruppen der *wässerigen* und *nichtwässerigen* Lösungen. Von der Wahl des Lösungsmittels hängt einigermassen die des Bindemittels ab, da letztere sich nicht in allen Flüssigkeiten gleich gut auflösen.

Am wohlfeilsten sind wässerige Fixiermittel; das beste Bindemittel, was Dauerhaftigkeit und Unveränderlichkeit anlangt, ist Leim (farblose Gelatine), der in ein- bis zwei-prozentiger Lösung angewendet werden kann und wegen des Erstarrens der Lösung in der Kälte warm angewendet werden muss. Ebenso gut ist arabisches Gummi. Nur sind hier folgende Umstände zu beachten.

Alles Papier wird durch Anfeuchten mit Wasser stark *ausgedehnt* und bleibt wellig und uneben zurück, wenn man es ohne Sorgfalt trocknet. Ist es an seinen Rändern festgeklebt,»aufgespannt«, so wird es beim Trocknen wieder eben. Nicht aufgespanntes Papier trocknet gleichfalls eben, wenn man es im feuchten Zustande an einer *Ecke* aufhängt und frei trocknen lässt. Es erscheint dann allerdings dütenförmig aufgerollt, lässt sich aber vollkommen eben ausbreiten.

Eine weitere Eigentümlichkeit des Wassers ist seine grosse Neigung zur *Tropfenbildung*, die von seiner grossen Oberflächenspannung herrührt. In dieser Eigenschaft übertrifft es alle anderen Flüssigkeiten. Infolgedessen haben wässerige Fixiermittel Neigung, auf dem Bilde Tropfen zu bilden, welche sich mit Farbstaub bekleiden, ablaufen und den Farbstoff an falsche Stellen bringen können.

Das Mittel, diese Erscheinung zu vermeiden, besteht darin, dass man die Oberflächenspannung möglichst vermindert. Dies geschieht leicht durch Zusatze von Weingeist (10–30 Prozent). Äther, Seife, Galle und viele andere Stoffe wirken ähnlich, sind aber nicht so gut. Ein mit diesen Stoffen versetztes wässeriges Fixiermittel zerfliesst auf dem Bilde und zieht sich gleichzeitig mehr oder weniger in das Papier ein, womit der angestrebte Zweck erreicht wird.

Aus ähnlichen Ursachen erweisen sich gewisse traditionell gebräuchliche Fixiermittel wie Milchkaffee, abgestandenes Bier usw. als anwendbar. Doch soll man solche Gemenge *nie anwenden*, da sie überflüssige Stoffe enthalten, welche leicht zu unerwünschten Nebenerscheinungen (Gelbwerden, Klebrigbleiben usw.) Anlass geben.

Nichtwässerige Fixiermittel haben den Vorteil, das Papier nicht auszudehnen; es kann also hernach ohne besondere Vorsicht getrocknet werden. Man wendet sie daher an, falls man das Blatt nicht aufhängen kann, wie bei Zeichnungen in Skizzenbüchern u. dgl.

Von nichtwässerigen Lösungsmitteln ist als wohlfeilstes und bequemstes der *Weingeist* zu nennen. Wegen seiner geringen Oberflächenspannung benetzt er leicht die Fläche und dringt in das Innere des Papieres ein. Das Klebemittel, welches hier in erster Linie genannt zu werden verdient, ist der *Schellack*. Man wendet ihn nach Bedarf in gebleichtem oder auch ungebleichtem Zustand an (im letzteren Falle wählt man hellfarbige »blonde« Sorten); eine einprozentige Lösung genügt fast immer.

Andere Lösungsmittel kommen neben dem Weingeist kaum in Frage, da sie keine Vorzüge und wegen Feuergefährlichkeit, Geruch, Kostspieligkeit u. dgl. häufig grosse Nachteile haben. Es kann auf ihre Nennung und Beschreibung daher hier verzichtet werden.

Das *Auftragen* des Fixiermittels kann durch Übergiessen nur bei solchen Bildern geschehen, die von vornherein ziemlich fest sitzen, so dass die Stäubchen durch die Bewegung der Flüssigkeit nicht fortgeschwemmt werden. In allen anderen Fällen muss das Fixiermittel in Gestalt zahlloser kleiner Tröpfchen aufgestaubt werden. Hierzu dienen die Zerstäuber, die man aus Glas oder Metall in den Handlungen bekommt. Am brauchbarsten sind metallene Zerstäuber in Pumpenform, die man fest auf die Flasche mit dem Fixiermittel aufsetzt. Die kleine Öffnung muss sauber gehalten werden, da sie sich leicht verstopft. Man zerstäubt zu diesem Zwecke nach dem Gebrauche etwas reines Wasser, bezw. Weingeist durch den Apparat.

Ein Einfluss des Fixiermittels auf die *Dauerhaftigkeit* des Bildes findet wegen seiner sehr geringen Menge im allgemeinen nicht statt. Selbst wenn das Bindemittel mit der Zeit durch Zersetzung seine bindenden Eigenschaften verliert, kann schlimmstenfalls nur der Zustand hergestellt werden, in dem sich das Bild vor dem Fixieren befunden hatte. Die einzige Gefahr, welche vermieden werden muss, ist die Färbung des Papiers durch etwaige Zersetzungsprodukte des Bindemittels. Bei Anwendung von reinem Leim, Gummi oder Schellack liegt eine solche Gefahr nicht vor.

Unter allen Umständen wird man nie mehr von dem Bindemittel anwenden, als zum Festhalten des Pulvers erforderlich ist. Die notwendige Menge hängt von den Materialien ab und kann leicht durch einige Versuche festgestellt werden.

II. Warum Bleistiftzeichnungen glänzen und Kohlezeichnungen nicht. Oberflächenlicht und Tiefenlicht. Farbige Stifte; Lenbach-Technik. Pastell; seine verschiedenen Anwendungen. Malgründe. Dauerhaftigkeit der Pastellbilder. Das Farbmaterial und seine Grundlage

Lieber Freund!

Sie schreiben mir: »Ich habe mit grossem Vergnügen die Verhältnisse wieder allgemein zusammengefasst gesehen, die wir vorher nach verschiedenen Seiten einzeln besprochen hatten. Dabei ist mir aber eine Frage eingefallen, die ich Ihnen, glaube ich, bereits einmal gestellt hatte, deren Beantwortung ich mich aber nicht mehr erinnern kann. Warum sind die Bleistiftlinien *glänzend*, während Zeichnungen mit Kreide oder Kohle es nicht sind?«

Ich beantworte Ihnen diese Frage um so lieber, als sie einen Punkt berührt, den wir später immer wieder in Betracht zu ziehen haben werden. Er betrifft die Unterscheidung der beiden Arten Licht, welche wir von der Bildfläche bei der Betrachtung empfangen. Um genau zu sehen, um was es sich handelt, bitte ich Sie, ein Stück farbigen Glases zur Hand zu nehmen und das anschaulich zu beobachten, was ich Ihnen beschreiben werde.

Wenn Sie sich zum Fenster wenden und die Glasscheibe *horizontal* unterhalb Augenhöhe etwas vor sich halten, so haben Sie eine Art Spiegel; Sie sehen ein umgekehrtes Bild des Fensters und der daran befindlichen Gegenstände in den natürlichen Farben und von der Farbe des Glases ist nichts zu sehen. Hier wirkt also die ebene Oberfläche des Glases nur *spiegelnd*, indem sie das Licht zurückwirft, welches die *Oberfläche* trifft; von der eigenen Farbe des Glases kommt nichts zur Wirkung.

Nun erheben Sie die Hand mit dem Glase und halten die Scheibe *senkrecht* zwischen das Auge und das Fenster: Sie sehen nunmehr das ganze Licht, das vom Fenster kommt, in der Farbe des Glases, und je nachdem die äusseren Gegenstände heller und dunkler, dem Glase ähnlich oder weniger ähnlich gefärbt sind, beobachten Sie

Verschiedenheiten der Lichtstärke. Ist Ihr Glas sehr tief und rein gefärbt, so sind andere Unterschiede nicht sichtbar; ist es schwach gefärbt, so bleibt noch ein entsprechender Rest von der eigenen Farbe der Gegenstände sichtbar.

Diese einfachen und wohlbekannten Erscheinungen sind zwar kein »Urphänomen« im Goetheschen Sinne, aber für unsere künftigen Betrachtungen sind sie doch von grundlegender Bedeutung. Sie lehren uns den Unterschied zwischen dem *Oberflächenlicht* und dem *Tiefenlicht* kennen. Von allen Flächen, also auch von denen des Bildes, erhalten wir stets beide Arten Licht, *und die Wirkung unserer Bilder beruht auf der Abmessung dieser beiden Lichtarten*. Hierbei besteht der Umstand, dass das Oberflächenlicht *farblos* ist, d. h. die Farbe des allgemeinen Lichtes im Raume hat. *Farbiges* Licht können wir nur als *Tiefenlicht* herstellen, und das vom Bilde ins Auge gelangende Licht ist um so tiefer und reiner gefärbt, je mehr das Tiefenlicht das Oberflächenlicht überwiegt. Als Sie die farbige Glasscheibe zwischen das Auge und das Fenster hielten, konnte gar kein Oberflächenlicht in Ihr Auge gelangen, weil ja die vom Fensterlicht getroffene Oberfläche vom Auge abgewendet war. Daher haben Sie so die tiefste und reinste Färbung erzielt, welche Ihre Glasplatte herzugeben vermag. Man kann auch Mischungen von Oberflächenlicht und Tiefenlicht herstellen, doch darauf wollen wir erst etwas später eingehen, wenn wir diese Tatsachen zum Verständnis anderer maltechnischer Erscheinungen brauchen.

Zunächst wenden wir unsere Betrachtungen auf das Bleistiftproblem an. Der Graphit desselben erweist sich bei mikroskopischer Betrachtung als aus lauter dünnen Blättchen mit ebener und somit spiegelnder Oberfläche bestehend. Beim Zeichnen legen sich die abgeriebenen Teile alle parallel der Oberfläche des Papiers, etwa wie die Schuppen eines Fisches, und bilden so insgesamt eine spiegelnde Fläche, welche bei entsprechender Lage eine Menge Oberflächenlicht zurückwirft und daher glänzt. Die Körnchen der schwarzen Kreide und der Zeichenkohle sind dagegen unregelmässig gestaltete Bruchstücke, die keinerlei ebene Oberfläche bilden können und daher nicht glänzen.

Auch bemerkten Sie in Ihrem Briefe, dass Bleistiftzeichnungen nach dem Fixieren viel weniger glänzen. Dies ergibt sich daraus, dass beim Fixieren das Papier aufquillt; die einzelnen Fasern heben sich, nehmen eine andere Stellung ein und bringen somit auch die Graphitblättchen aus ihrer parallelen Lage; die Folge ist eine entsprechende Verminderung des Oberflächenlichtes. Deshalb verändert das Fixieren auch nicht das Aussehen der Kreide- und Kohlezeichnungen, denn hier ist von vornherein keine parallele Stellung vorhanden, die gestört werden könnte.

Nun können wir auch mit besserer Rüstung unsere Betrachtung auf die Arten der Maltechnik ausdehnen, die sich an die einfarbige Zeichnung unmittelbar anschliessen: die *farbige Stiftzeichnung* und das *Pastell*.

Die Zeichnung mit farbigen Stiften kann in vielfältiger Gestalt angewendet werden. Unmittelbar an das eben geschilderte Verfahren schliesst sich eines, das nach seinem berühmtesten Vertreter die Lenbach-Technik heissen mag. Es kommt darauf hinaus, dass die mit dunklem Stift hergestellte Zeichnung durch Einsetzung einzelner Farben belebt wird. Man kann diese Farben mittels farbiger Stifte (Pastellstifte) auftragen, doch ist es auch möglich, die Farbe einfach als feines Pulver mit einem Pinsel oder Wischer aufzunehmen und auf das Papier zu übertragen, in dessen Unebenheiten sie mit dem Finger oder anderen Hilfsmitteln eingerieben wird. Das letzte Verfahren ist besser geeignet, grosse Flächen ohne scharfe Ränder zu behandeln, ersteres ermöglicht schärfere Zeichnung.

Über das Technische dieses Verfahrens braucht weiteres nicht gesagt zu werden, da es auf ganz denselben Grundlagen beruht, wie die einfache Zeichnung. Auch von der Dauerhaftigkeit gilt das gleiche: ist das Bild gegen mechanische Unbilden (Reiben, Kratzen, Wischen) geschützt, so hängt seine Lebensdauer nur von der Dauerhaftigkeit des angewendeten Farbstoffes und der Unterlage ab. Bei Graphit, Rötel, Kreide, Kohle ist diese keinem Zweifel unterworfen; über die Dauerhaftigkeit anderer Farbstoffe wird später Auskunft gegeben werden.

Das *Pastell* im engeren Sinne unterscheidet sich von der Zeichnung dadurch, dass die farbige Gestaltung des Bildes sich nicht nur zwischen der Farbe des Bildgrundes und der des Zeichenstiftes bewegt, sondern allseitige Freiheit hat. Dies bedingt, dass der Bildgrund mehr oder weniger vollständig mit Farbe bedeckt wird. Man findet hier wie überall Übergänge. Einerseits wird noch die Farbe des Grundes mit benutzt und nur die wichtigsten Teile des Bildes werden vollständig farbig ausgestaltet: eine Technik, die namentlich beim Bildnis vielfältig angewendet wird. Andrerseits wird die ganze Bildfläche farbig gedeckt und man stellt sich wie beim Ölgemälde die Aufgabe, die optische Erscheinung des Dargestellten möglichst vollständig wiederzugeben. Dann kommt die Farbe des Bildgrundes nur sekundär zur Wirkung und darf als solche nirgends erscheinen. Wohl aber kann man sie zweckgemäss hier und da durchschimmern lassen, um besondere Wirkungen zu erzielen. Das Material für die Herstellung der farbigen Pastellstifte ist Kreide, die mit den verschiedenen Farbstoffen vermischt und unter Benützung eines wässerigen Bindemittels (Tragantgummi) in Stäbchen oder Stifte geformt wird. Das Bindemittel dient nur dazu, dem Farbpulver Zusammenhang und die gewünschte Härte für die Handhabung zu geben, und hat mit der Bindung der Farbe auf der Bildfläche nichts zu tun. Diese erfolgt zunächst ausschliesslich mechanisch in der oben geschilderten Weise, dass durch die feilende Wirkung des rauhen Bildgrundes der Stift die Farbe in Gestalt von Pulver abgibt, welches an den Unebenheiten des Papiers hängen bleibt.

Mit der Aufgabe vollständiger Deckung des Untergrundes tritt nun beim Pastell eine Schwierigkeit auf, die bei der Zeichnung kaum vorhanden ist. Damit die Deckung ausreicht, muss die Schicht des Farbpulvers eine merkliche Dicke haben; es müssen nicht nur die Vertiefungen in den Unebenheiten des Untergrundes ausgefüllt werden, sondern auch dessen Erhöhungen müssen noch eine Schicht des Farbpulvers tragen. Ferner ist es oft notwendig, dass eine bereits vorhandene Farbe durch eine darübergetragene *gedeckt* wird.

Man erreicht diese Zwecke zunächst durch die Anwendung sehr weicher Farbstifte, indem man dem Farbteig bei der Herstellung nicht mehr Bindemittel zusetzt, als für die Handhabung und die Vermeidung des Zerbröckelns notwendig ist. Ferner aber muss eine Unterlage gewählt werden, welche einen möglichst reichlichen Farbauftrag ermöglicht und ihn auch festhält. Hierzu dienen einerseits filzigweiche Flächen, welche viel Farbe aufnehmen, andrerseits rauhharte Flächen, die eine besonders starke Schleifwirkung auf den Stift ausüben. Die Wahl und Herstellung geeigneter Pastellgründe ist von diesen beiden Eigenschaften abhängig; je nachdem die eine oder andere in den Vordergrund tritt, ergeben sich auch merkliche Verschiedenheiten der Technik. Ein mit solchen Stiften hergestelltes Bild ist zwar sehr empfindlich gegen mechanische Verletzungen – schon der Spaziergang einer Fliege kann den Farbauftrag in Unordnung bringen –, es kann aber, wenn solche Störungen durch sorgfältiges Einrahmen unter Glas ausgeschlossen sind, eine sehr grosse Lebensdauer erreichen. Es wird dies u. a. durch die Pastelle der Dresdener Gemäldegalerie belegt, welche mehrere Jahrhunderte alt sind. Insbesondere fehlt auch den ältesten Pastellen ganz und gar der braune »Galerieton«, der sich an fast allen Ölbildern entwickelt, und ihre Farbenfrische scheint gänzlich unberührt von der Zeit zu sein.

Dies rührt daher, dass derartige Bilder aus reinem Farbstoff *ohne Bindemittel* bestehen. Die Beständigkeit, welche den Farbstoffen für sich oder in gegenseitigem Gemisch eigen ist, kommt auch dem Pastellbilde zu, und die vielfachen Veränderungen, welche die Bindemittel der Tempera- und insbesondere der Ölbilder im Laufe der Zeit erfahren, und in denen die Ursache des langsamen Unterganges solcher Werke liegt, sind hier ganz ausgeschlossen. Ebenso sind chemische Wechselwirkungen zwischen Farbstoff und Bindemittel, sowie mechanische Störungen durch Schollenbildung, Reissen, Abblättern nicht möglich.

Da ferner der Farbauftrag im Pastell eine gewisse Dicke hat, so beruht jede einzelne Farbwirkung an den verschiedenen Bildstellen auf der Anwesenheit einer verhältnismässig *grossen* Menge Farbstoff. Selbst wenn dieser einer langsamen Zerstörung, etwa durch den Sauerstoff der Luft, unterliegt, so wird es beim Pastell sehr viel länger dauern, bis das Verschwinden des Farbstoffes merklich wird, als beispielsweise bei einem Aquarellbilde, dessen Farbwirkung auf der überaus dünnen Farbschicht beruht, welche als durchsichtiger Hauch über den weissen Untergrund gelegt ist.

Dagegen ist allerdings von der anderen Seite hervorzuheben, dass der Farbstoff des Pastells vermöge seiner pulverigen Beschaffenheit dem Angriffe des Luftsauerstoffs von allen Seiten ausgesetzt ist; ist er daher durch diesen angreifbar, so erfolgt der Angriff auch verhältnismässig schnell. Dies zeigt sich sehr deutlich an den mit lichtempfindlichen Farbstoffen, wie Karmin und viele künstliche »Anilinfarben«, hergestellten Pastellstiften, welche leider im Handel nicht selten vorkommen. Da es eine genügende Auswahl von Farbstoffen gibt, welche jede Gewähr der Beständigkeit bieten, so muss man derartige Stifte von der Anwendung (ausser zu Eintagszwecken) völlig ausschliessen und im Zweifelsfalle sie einer strengen Prüfung unterwerfen. Hierüber findet sich weiter unten eine Anleitung.

Der Grundstoff, welcher den Pastellstiften zur Erzeugung der helleren Töne in steigender Menge zugesetzt wird, die *Schlemmkreide*, bietet vom chemischen Standpunkte aus keine Bedenken. Als natürlich vorkommender Stoff steht er in Bezug auf seine Beständigkeit ausser Zweifel, und seine Zusammensetzung (Calciumcarbonat) lässt besondere chemische Einwirkungen auf die Farbstoffe kaum befürchten. Insbesondere ist Kreide ganz unwirksam gegenüber den anorganischen Farbstoffen, den Oxyden des Eisens, Mangans, Kupfers usw., dem Ultramarin, dem Kobalt, den Chromaten usw. Am ehesten ist noch eine Einwirkung der Kreide auf Preussischblau, das Ferrocyaneisen, zu befürchten, da dieses durch basische Stoffe unter Gelbfärbung (Abscheidung von Eisenoxyd unter Bildung eines anderen Ferrocyansalzes) zersetzt wird und der kohlensaure Kalk leicht unter Verlust von Kohlensäure basisch wird. Indessen scheinen die zur Reaktion erforderlichen Bedingungen weder bei der Herstellung der Farbstifte, noch bei der Aufbewahrung der Bilder einzutreten, so dass Preussischblau auch für Pastell als ein beständiger Farbstoff angesehen werden kann.

Zieht man alle diese Umstände in Betracht, so gelangt man zu dem etwas überraschend erscheinenden Resultate, dass in Pastell hergestellte Bilder, wenn sie gegen grobe mechanische Verletzungen durch Glas geschützt sind, so ziemlich *die dauerhaftesten Produkte der malerischen Technik sind.*

III. Eigenschaften des Pastells. Sein einziger Mangel: keine durchsichtige Lasur. Selbstherstellung der Pastellstifte. Mischfarben. Malgrund. Verfahren beim Arbeiten. Fixieren; Rezept zu einem guten Fixiermittel. Zusammenfassung der mannigfaltigen Vorzüge des Pastells: es ist zurzeit die ausgiebigste und dauerhafteste Technik

Lieber Freund!

Die Äusserung in Ihrem letzten Schreiben, dass die Pastellmalerei doch nur für wenig ernsthafte Sachen, für halbe Spielereien geeignet sei, hat mich sehr verdrossen. Ich meinerseits halte die Pastelltechnik für die schönste und ausgiebigste von allen, die ich kenne. Es gibt in der Tat nur wenige Aufgaben, die man mit Pastell nicht lösen könnte, und dabei gewährt es dem Künstler eine Freiheit, wie keine einzige andere Technik. Ich meine, dass er bei keiner anderen Technik weniger vom Material abhängig ist, dass es keine gibt, die so weitgehende Änderungen eines halbfertigen Bildes gestattet, dass keine so wenig Rücksicht bei willkürlicher Unterbrechung der Arbeit beansprucht; dabei gehört sie, wie ich Ihnen schon entwickelt habe, zu den dauerhaftesten, die es gibt. Kurz, wenn nicht die Unmöglichkeit vorläge, eine durchsichtige *Lasur* in Pastell zu machen, würde ich nicht anstehen, es für das vollkommenste aller Verfahren zu erklären. Und selbst dieser Mangel ist nicht sehr empfindlich, seitdem die Maler auf die fast überall vorhandene Wirkung der Lufttrübung und des entsprechenden *Luftlichtes* aufmerksam geworden sind, derzufolge die mittels durchsichtiger Lasur allein zu erzielenden Wirkungen kaum jemals erforderlich sind. *Trübe* Lasur ist in Pastell sehr leicht zu erzielen.

Da Sie ausserdem hinzufugen, dass die Auswahl der vorhandenen Farben in den käuflichen Pastellstiften die Ausführung von Landschaften fast unmöglich mache (was ich zuzugeben bereit bin), so werden Sie sich schon eine ausführliche Darlegung meiner Pastellerfahrungen gefallen lassen müssen.

Was zunächst die käuflichen Stifte betrifft, so leiden sie vor allen Dingen an der Unzuverlässigkeit der benützten Farbstoffe. Hier scheinen die unbeständigen Anilinfarben in besonders umfangreichem Masse eingedrungen zu sein, und der Künstler, dem es auf die Dauer seiner Produkte ankommt, wird daher gut tun, sich seine Pastellstifte selbst zu machen, und zwar aus den rohen Farben, wie sie jeder Tüncher braucht. Dies ist eine leichte und vergnügliche Arbeit; ich habe sie anfangs nur getan, um die blaugrauen und grüngrauen Mischtöne zu haben, die ich für meine Landschaften brauchte; später aber habe ich mir meinen ganzen Bedarf selbst gemacht. Das Verfahren ist sehr einfach.

Man braucht zunächst eine Reibschale von 12 bis 15 cm Durchmesser und einen Vorrat von gewöhnlicher weisser Schlemmkreide. Dann werden 10g Tragantgummi mit einem halben Liter Wasser in die Wärme gestellt; über Nacht ist das Ganze zu einer gallertartigen Masse geworden, die als Bindemittel dient. Wir nennen diese Lösung A. Für die an Kreide reichen Stifte, d. h. die meisten, die man macht, ist dies Bindemittel A meist zu stark; man verdünnt je einen Teil davon mit einem und mit drei Teilen Wasser, die erste dieser Verdünnungen heisse B, die andere (mit 3 Teilen Wasser) C. Die unverdünnte Masse A ist für Metallfarben (Chromgelb, roten und grünen Zinnober und dergleichen) gerade recht. Ockerfarben brauchen die Lösung C oder noch eine verdünntere; Frankfurter Schwarz desgleichen. Da aber die unter gleichem Namen verkauften Farben oft recht verschieden sind, so wird man einige Vorversuche mit den verschiedenen Lösungen machen müssen, ehe man sein Material von erwünschter Härte oder Weichheit erhält.

Um die Sache kennen zu lernen, macht man sich zuerst einige weisse Stifte. Man bringt etwa 50g Kreide (roh mit der Briefwage gewogen) in die Reibschale, giesst von der verdünnten Tragantlösung C etwa 13–15 ccm dazu und verarbeitet beides mit dem Pistill zu einem Teig von der Weichheit des Glaserkitts. Ist die Masse zu dünn, so dass sie fliesst, so setzt man Kreide zu, im anderen Falle Wasser; nach einigen Minuten hat man eine gleichförmige Masse, die man hernach nur zu formen braucht. Dies kann durch Ausrollen mit der Hand auf einer Unterlage von Zeitungs- oder Löschpapier geschehen. Schönere Stangen aber erhält man, wenn man den Teig aus einer Art Spritze mit etwa bleistiftweiter Öffnung presst. Ich habe mir meine Spritze aus einer dienstfreien Radfahrluftpumpe gemacht und damit Tausende von Stiften gepresst. Die erhaltenen Würste lässt man trocknen, und zwar ist es gut, wenn dies unter mässiger Erwärmung geschieht, und zerbricht sie dann in fingerlange Stücke.

Jetzt wollen wir uns eine Reihe abgestufter Farbstifte, z. B. Ultramarin, machen. Hierzu wird zunächst in der beschriebenen Weise eine grössere Menge des weissen Kreideteiges auf Vorrat gemacht. Dann nehmen wir 50g Ultramarin und machen unter Zusatz des mittleren Bindemittels B die Masse für die dunkelsten Stifte. Sind diese geformt, so stellen wir die gleiche Menge der Masse nochmals her, nehmen sie aus der Reibschale und teilen sie nach dem Augenmass in zwei gleiche Teile. Die eine Hälfte kommt in die Reibschale zurück; hierzu fügt man eine gleiche Menge der weissen Masse und verarbeitet nun beide so lange, bis alle Streifen und Flecken verschwunden sind, was auch nur wenige Minuten beansprucht. Die Masse wird in Stifte geformt und bildet den zweiten, helleren Ton.

Von dem Rest der reinen Ultramarinmasse nimmt man wieder die Hälfte und fügt so viel weisse Masse dazu, dass wieder die gleiche Gesamtmenge entsteht, d. h. Ultramarin bildet ein Viertel, die Kreide drei Viertel der Menge. Dies gibt nach dem Vermischen den dritten Ton. So fährt man fort, indem man immer die Hälfte des noch übrigen Ultramarins nimmt und sie mit Weiss auf 50g ergänzt. Zwischen dem siebenten und zehnten Ton wird man die Färbung der Masse so gering finden, dass eine weitere Verdünnung den Farbstoff nicht mehr erkennen lässt; dann ist die Arbeit beendet.

Man kann natürlich auch die Farbe und die Kreide in den angegebenen Verhältnissen *trocken* abwägen und dann das Bindemittel zusetzen. Dann muss man aber dieses gleichfalls nach dem Verhältnis zwischen Kreide und Farbe mischen, also für die erste Abstufung Ultramarin ½ B und ½ C, für die zweite ¼ B und ¾ C; die übrigen Mischungen, die vorwiegend aus Kreide bestehen, kann man dann mit C allein ansetzen, da der kleine Fehler nicht viel ausmacht. Doch habe ich das erste Verfahren zweckmässiger gefunden.

Es ist wesentlich, dass man die Mengen des Farbstoffes wie angeben abstuft, dass für jede folgende Mischung immer derselbe

Bruchteil von dem in der vorigen enthaltenen Farbmenge genommen wird. Es ist dies ein Ausdruck des allgemeinen Gesetzes, dass unser Auge wie die anderen Sinnesapparate nicht gleiche *Differenzen*, sondern gleiche *Verhältnisse* als übereinstimmende Abstufungen empfindet. Auch wird man finden, dass in den so erhaltenen Reihen wirklich die Stufen der Helligkeit oder Sättigung gleich weit voneinander entfernt erscheinen.

In gleicher Weise verfährt man mit allen Farben, die man anwenden will. So erhält man in kurzer Zeit eine grosse Reihe von Farbstiften. Auch wird man bei der Leichtigkeit der Herstellung es bald bequem finden, allerlei Mischungen, vor allen Dingen solche von Ultramarin mit Schwarz, in gleicher Weise wie die reinen Farbstoffe zu behandeln. Hier gibt das persönliche Bedürfnis des Künstlers sehr bald die Richtung an, in welcher neue Versuche zu machen sind. Man merke sich die Regel, dass die Farbe auf dem fertigen Bilde so aussieht, wie das *trockene* Gemisch der Farbpulver. Beim Befeuchten mit dem Bindemittel tritt eine Verdunkelung der Farbe ein, die beim Trocknen wieder verschwindet und daher nicht in Betracht kommt.

Was nun das Malen mit diesen Stiften anlangt, so kommt sehr viel auf die Wahl des Papiers an. Während die bisherige Anwendung des Pastells zu leichten, skizzenartigen Bildern in dieser Beziehung keine besonderen Anforderungen stellt, muss man, wenn man Gemälde mit voller Bildwirkung herstellen will, ein Papier wählen, welches eine recht dicke Schicht des Farbpulvers festhält. Für diesen Zweck habe ich bisher nichts Besseres käuflich gefunden, als das Pyramidenkornpapier (und zwar *nur Korn Nr. 3*) von Schäuffelen in Heilbronn. Man kann sich auch selbst ebenso geeignete Gründe herstellen, doch will ich hierauf noch nicht eingehen.

Man trägt auf dieses Papier die Farben in breiten Flächen, ohne jede Rücksicht auf Aussparen reibend und zeichnend auf und zwar nimmt man für grosse Flächen die Breitseite des Stiftes. Übergänge entstehen sehr leicht durch grobes Übereinanderzeichnen der Farben und nachmaliges Verreiben mit dem Finger, den man allenfalls durch eine Gummikappe schützen kann. Hat man die grossen Flächen angelegt, so kann man die Einzelheiten nach Bedarf derart hineinsetzen, dass man an den erforderlichen Stellen zunächst die vorhandene Farbe mit einem trockenen Borstpinsel (Ölpinsel) von entsprechender Grösse fortkehrt, was gar keine Schwierigkeit macht; auf dem Grunde stehen dann die hineingezeichneten Farben wie auf reinem Papier. Auf gleiche Weise kann man ganze missfällige Partien beseitigen. Um eine Anschauung von der Freiheit der Arbeit zu geben, will ich erwähnen, dass ich neulich auf einem Papier, das einigen besuchenden Damen als Grundlage für ihre ersten Pastellversuche gedient hatte und auf dem hernach noch mein kleiner Sohn sein Urteil über die erzielten Leistungen schriftlich niedergelegt hatte, ein Bild ausgeführt habe, das, wie es auch sonst geraten sein mag, von der vorangegangenen Misshandlung jedenfalls nichts mehr erkennen lässt.

Der Haupteinwand, den man gegen diese schöne Technik erhebt, ist der des *Fixierens*. Man muss zugestehen, dass jedes Fixiermittel das Bild etwas verändert, indem dies ein wenig dunkler und wohl auch derber wird. Überlegt man aber, dass es keine Technik gibt, bei welcher nicht Verschiedenheiten zwischen dem Aussehen der Farbe unmittelbar beim Auftragen und nach dem Fertigstellen bestanden, so liegt hierin zunächst kein ausschliesslicher Fehler der Pastelltechnik. Da ferner bei der Leichtigkeit, mit welcher sich Übergänge herstellen lassen, das Pastell ohnedies die Gefahr weichlicher Arbeit mit sich bringt, so wird man in diesem natürlichen Härterwerden gleichfalls keinen Nachteil erblicken. Ich habe mancherlei Versuche mit Fixiermitteln angestellt und gedenke, sie noch fortzusetzen; vorläufig will ich das Verfahren mitteilen, das ich bisher als das beste bezeichnen muss.

Man übergiesst 15g käufliches *Caseïn* mit dreiviertel Liter Wasser, in dem 10 g kohlensaures Ammoniak aufgelöst worden sind, und stellt die Masse nach ordentlichem Umschütteln in mässige Wärme. Das Caseïn zergeht bald zu einer trüben Flüssigkeit. Ist dies geschehen, so setzt man ein viertel Liter gewöhnlichen Weingeist dazu. Wenn man den Geruch nicht scheut, kann man denaturierten Brennspiritus nehmen; andernfalls nimmt man reinen Weingeist. Man setzt den Spiritus einzelnen kleinen Mengen zu und schüttelt jedesmal ordentlich um, damit sich das Caseïn nicht in Klümpchen wieder ausscheidet. Damit ist das Fixiermittel fertig. Beim Aufbewahren entsteht meist ein weisser Niederschlag. Man giesst die darüberstehende Flüssigkeit für den Gebrauch ab, ohne den Absatz aufzurühren. Für die Anwendung wird sie auf das fertige Bild mit dem Zerstäuber aufgetragen. Man hat gut acht zu geben, dass sich nirgends Tropfen bilden, welche die Oberfläche entlang fliessen. Wo dazu Gefahr vorhanden ist, nimmt man die Flüssigkeit durch Aufdrücken von Löschpapier fort; ein gewöhnlicher Löschdrücker leistet hierfür gute Dienste. Ist alles gleichförmig befeuchtet, was man an der dunklen Farbe und beim seitlichen Daraufsehen an dem beginnenden Glanz erkennen kann, so lässt man das Bild, an einer Ecke aufgehängt, trocknen. Noch besser ist, sich das Papier von vornherein auf starke Pappe zu kleben, weil dadurch sowohl das Malen, wie das spätere Einrahmen bedeutend erleichtert wird.

Nach dem Trocknen wird man das Bild nur wenig verändert finden, um so weniger, je verdünnter des Fixierwasser war. Wo der Farbauftrag nachlässig und unvollständig gewesen ist, tritt dies deutlicher hervor; ausserdem wird der Kundige einiges von dem weichen Sammetglanz des unberührten Pastells vermissen. Nun besteht aber nicht die geringste Schwierigkeit, auf dem getrockneten Bilde ohne Vorbereitung mit Pastell weiter zu arbeiten, und man kann mit kurzer Mühe wieder den Charakter des unberührten Pastells herstellen, indem man die gemalten Flächen mit den vorher angewendeten Stiften nochmals übergeht und die zu Tage getretenen Lücken ausfüllt. Ein zweites, nötigenfalls ein drittes Fixieren gibt den später aufgetragenen Farben Halt, und das fertige Bild ist nach wiederholtem Fixieren so fest, dass man es abwischen und sogar mit Brot abreiben kann, ohne dass es leidet. Es hat in diesem Zustande eine grössere Haltbarkeit als ein mit Leimfarbe gemaltes Bild, denn das Caseïn ist nach kurzer Zeit durch Verdunsten des kohlensauren Ammoniaks in Wasser unlöslich geworden und das Bild ist somit wasserfest.

Ist das Bild zur Einrahmung bestimmt, so wird man vielleicht besser tun, das letzte Fixieren zu unterlassen, zumal, wenn es sich um ein Kunstwerk von mehr zartem und weichem Charakter handelt. Hinter Glas ist ein derartiges Bild von einer Dauerhaftigkeit und Unveränderlichkeit, welche weit über die von Ölgemälden hinausgeht. Die Schönheit und Reinheit der Farben ist in der Öltechnik gleichfalls unerreichbar.

Ein Bedenken ist noch zu erwähnen. Das erforderliche Papier ist bisher höchstens in Bogen von 62/96cm zu erhalten, dies wäre also das grösste Format, das man für seine Bilder zur Verfügung hätte. Nun ist es aber nur eine Frage des Bedarfs, dass auch entsprechend grössere Formate hergestellt werden; auch gedenke ich später Mittel anzugeben, durch welche man sich Gründe von beliebiger Grösse für Pastell machen kann.

Zieht man schliesslich die Summe, so hat das Pastell folgende Vorzüge. Man kann sich die Farben selbst herstellen, hat also die grösstmögliche Sicherheit dafür, dass man wirklich geeignetes und dauerhaftes Material verwendet. Das fertige Bild ist weder dem Nachdunkeln, noch der Schollenbildung, dem Reissen, dem Blindwerden, und wie die unzähligen Krankheiten der Ölbilder sonst heissen mögen, unterworfen. *Vielmehr sichert die Technik bei nachmaligem Fixieren dem fertigen Bilde die grösste Dauerhaftigkeit, die mit den zur Zeit bekannten Verfahren überhaupt erreichbar ist.* In ihrer Ausführung ist die Pastelltechnik freier als jede andere; sie gestattet die weitestgehenden Umänderungen am ausgeführten Bilde, ohne dass irgend welche Gefahren des Reissens, Durchschlagens usw. wie bei Ölbildern entstehen. Auch am fertigen Bilde lassen sich nachträglich noch beliebige Umänderungen vornehmen, ohne dass sich Unterschiede zwischen dem früheren und dem späteren Auftrage ausbilden. Man kann mit einem Wort jederzeit aufhören und jederzeit wieder anfangen.

Andererseits macht das Eindecken beliebig grosser Flächen mit einem gleichförmigen Tone gar keine Schwierigkeiten, da man eben nur einen und denselben Stift zu benützen hat; ebenso wenig technische Schwierigkeiten entstehen bei der Herstellung von verlaufenden Übergängen, wie beim Himmel in Landschaften. Da jede Farbe rein vom Stift auf das Bild gelangt, so ist ein Verschmutzen, wie es durch Farbreste im Pinsel, durch Aufrühren des Grundes usw. bei anderen Verfahren entsteht, gar nicht möglich. Da keine Bindemittel mit grösserer oder kleinerer Trockendauer vorhanden sind, so macht es keinen Unterschied, ob man irgend eine Stelle in einem Zuge oder in verschiedenen Unterbrechungen herstellt; merkt man sich den benützten Stift, so kann man nach beliebiger Zeit den gleichen Farbton an den vorhandenen ansetzen, ohne dass die kleinste Spur einer Fuge erscheint. Endlich kommt kein stark riechendes oder die Kleider befleckendes Malmittel zur Anwendung. Der Staub, der beim Arbeiten mit Pastell gebildet wird, kann in seiner Wirkung dadurch unschädlich gemacht werden, dass man während der Arbeit unter dem Bilde eine Rinne aus Blech oder Pappe von einigen Zentimetern Breite anbringt, in welcher er sich sammelt. Damit er nicht bei der Arbeit auf der Bildfläche haften bleibt, muss man das Malbrett ein wenig nach vorn überneigen. Die Finger werden freilich schmutzig, da man bald auf alle Schutzvorrichtungen dagegen wegen der Behinderung der flotten Arbeit verzichten wird; doch sind die Farben von der Beschaffenheit, dass sie sich sehr leicht abwaschen lassen. Damit die Hände vom häufigen Waschen und dem Kreidestaub nicht rauh werden, reibt man sie von Zeit zu Zeit mit Borlanolin ein.

Aber ich muss aufhören, denn wenn ich anfange, das Lob des Pastells zu singen, so finde ich so bald kein Ende. Haben Sie sich nun überzeugt, dass man das Pastell auch ernst nehmen kann?

IV. Farbstoffe. Untersuchung auf Verfälschung. Beschreibung der verschiedenen Farbstoffe: Ockerarten, Eisenoxyde, Frankfurter Schwarz, Ultramarin, Chromoxyd, Kobaltfarben, Barytgelb, Preussisch Blau, Indigo, Alizarinlack, Zinnober, Mennige, Chromrot, Chromgelb und -orange. Prüfung der Farbstoffe auf Lichtechtheit

Lieber Freund!

Sie berichten, dass Ihnen zwar die Herstellung von Pastellstiften nach meiner Anweisung ohne Schwierigkeit gelungen sei, dass Sie aber nicht wüssten, welche Farbstoffe Sie anwenden müssen , um damit recht dauerhafte Bilder zu erzielen. Die Antwort will ich so kurz und bestimmt, als ich kann, zu geben mich bemühen; allerdings ist damit noch nicht alles getan, denn die leidige Farbenschmiererei, d. h. die Verfälschung der reinen Farbstoffe durch Zusätze, welche sie billiger oder schöner machen sollen, ist ausserordentlich verbreitet, und gegen unzuverlässige Farben schützt es natürlich nicht, wenn man Farbstoffe, die lichtecht sind, als reine kauft und dafür verfälschte erhält.

Indessen gibt es glücklicherweise ein ziemlich einfaches Mittel, um viele Verfälschungen, insbesondere »Schönungen« mit Teerfarbstoffen, zu erkennen. Diese sind nämlich in Wasser oder Weingeist meist löslich, während die für uns in Betracht kommenden Farbstoffe es nicht sind. Sie legen daher die auf Teerfarbstoffe zu untersuchende Farbprobe (ich nehme an, dass Ihnen die rohen Farbstoffe in Pulverform vorliegen) auf einige Lagen von weissem Lösch- oder Filtrierpapier in Gestalt eines oben eingedrückten Häufchens und tropfen nun in die obere Vertiefung so viel Wasser, dass es durch das Häufchen sich in das unterliegende Papier zieht. Dann untersuchen Sie das nass gewordene Papier und Sie werden leicht erkennen, ob ein gelöster Farbstoff durchgedrungen ist, denn Sie sehen ihn nicht nur auf der Rückseite des obersten Papiers, sondern auch auf den darunter liegenden Papieren. Den gleichen Versuch machen Sie mit Weingeist; einen dritten mit einem Gemisch Weingeist und etwas Ammoniak; wenn in allen Fällen die Flüssigkeit ungefärbt sich in das Papier zieht, dürfen Sie mit einiger Wahrscheinlichkeit auf die Abwesenheit von Teerfarbstoffen schliessen. Allerdings ist der Schluss nicht vollkommen sicher, denn manche Teerfarbstoffe, die in Gestalt unlöslicher »Lacke« zugesetzt waren, verraten sich auf solche Weise nicht; da muss die Versuchsanstalt der Gesellschaft zur Förderung rationeller Malverfahren in München oder ein ähnliches Fachlaboratorium heran.

Als völlig lichtechte Farbstoffe sind zunächst die verschiedenen *Ockerarten* zu bezeichnen, deren färbender Bestandteil Eisenoxyd oder dessen Hydrat ist. Ersteres hat eine rote, letzteres eine gelbe Farbe und geht durch Erhitzen oder »Brennen« in das rote Oxyd über. Je nachdem die Erhitzung schwächer oder stärker ist, erhält man lebhaft gelbrote bis violettrote Farben; erstere heissen Englisch Rot, letztere Caput mortuum, die beide aus Eisenoxyd bestehen. Auch Terra di Siena ist ein eisenhaltiger Ocker.

Für Pastell sind die Ocker sowie Terra di Siena insofern unbequem, als sie meist durch ihren Tongehalt bereits ohne jedes Bindemittel so feste Stifte geben, dass man mit ihnen nicht mehr gut arbeiten kann. Es empfiehlt sich daher, an ihrer Stelle das reine, *künstlich hergestellte Eisenoxydhydrat* und *Eisenoxyd* zu benutzen, die gleichfalls sehr wohlfeil sind. Ersteres bindet gleichfalls bereits ohne Bindemittel meist genügend oder kann mit sehr wenig Tragant gebunden werden und auch das rote Eisenoxyd wird man mit der schwächsten Tragantlösung C genügend fest machen können. Die dunkleren Sorten Caput mortuum brauchen mehr Tragant. Englisch Rot enthält oft lösliche Stoffe, durch die es stark zusammenbackt; man muss es dann durch wiederholtes Ausziehen mit heissem Wasser reinigen. Die in den verschiedenen Ockern vorhandenen Nüancen erzielt man leicht durch Mischen von gelbem und rotem Eisenoxyd, und Sie werden es bald bequem finden, sich einige Reihen davon herzustellen.

Als schwarzer Farbstoff dient *Frankfurter Schwarz*, das gleichfalls vollkommen zuverlässig ist. Die feineren Sorten »in Hütchen« brauchen sehr wenig Tragant, die gröberen mehr, bis zur Losung B. Aus diesem und den Eisenoxyden mischen Sie sich ferner eine Anzahl brauner Farben; gelbes Eisenoxyd und Frankfurter Schwarz geben ein für Landschaften sehr brauchbares Grüngrau.

Vollkommen zuverlässig ist ferner *Ultramarin*, das Sie mit der Tragantlösung B binden. Aus Ultramarin und Frankfurter Schwarz machen Sie drei oder vier Reihen Blaugrau nach wechselnden Verhältnissen, die Sie sowohl in der Landschaft wie im Bildnis sehr brauchbar finden werden. Mit Caput mortuum erhalten Sie violettgraue Farben, die Ihnen gleichfalls willkommen sein werden.

Gleichfalls vollkommen zuverlässig sind die verschiedenen *Chromoxyde*, welche lebhaft bis matt grüne Farbstoffe sind. Hier müssen Sie sich aber vor Täuschung in acht nehmen, denn als »Chromgrün« erhalt man gegenwärtig oft den sogenannten grünen Zinnober, dessen Dauerhaftigkeit auf einer etwas niedrigeren Stufe steht.

Weiter ist ganz zuverlässig das *Kobaltblau* und die anderen kobalthaltigen Farbstoffe wie Thenards Blau und Rinmanns Grün, die indessen seltener vorkommen. Wie sie sich bei der Herstellung von Pastellstiften verhalten, müssen Sie selbst erproben, denn ich habe noch keine Erfahrungen mit ihnen gemacht. Ich wende sie nicht an, weil ihr Aussehen sich bei künstlichem Lichte sehr stark ändert, was von dem grossen Anteil Rot herrührt, das in ihrer Farbe enthalten ist.

Auch der sogenannte *gelbe Ultramarin* (Baryumchromat), ein schwefelgelber Farbstoff von grosser Reinheit der Färbung, ist als ganz zuverlässig zu bezeichnen. Er empfiehlt sich namentlich zur Herstellung lebhaft grüner Farben durch Mischung mit Preussischblau, worüber ich unten mehr sagen will.

Wir kommen zu einer Reihe von Farbstoffen, die man noch als brauchbar bezeichnen kann, deren Dauerhaftigkeit aber aus allgemeinen Gründen niedriger eingeschätzt werden muss. Ich wende sie ohne Bedenken an, denn die ungünstigen Umstände, unter denen sie sich als unhaltbar erweisen würden, treten so selten ein, dass ich es darauf hin wage, abgesehen davon, dass mir die Ewigkeit meiner Werke nicht allzusehr am Herzen liegt.

Hier ist zunächst als fast unentbehrlicher Farbstoff *Preussisch* oder *Pariser Blau* zu nennen. Nach meinen bisherigen Erfahrungen halt er sich in Pastell gut. Der reine Farbstoff ist viel zu dunkel, und auch wegen seiner mechanischen Eigenschaften nicht geeignet, um in Stifte geformt zu werden; man versetzt ihn schon für den dunkelsten Ton mit seinem mehrfachen Gewicht Kreide. Die geringeren Sorten Berlinerblau pflegen bereits grosse Mengen derartiger Zusätze zu enthalten; diese benutzt man nicht, sondern kauft die dunkelste und daher teuerste Sorte, die Pariserblau genannt wird, und die um so mehr Kreide verträgt. Bindemittel ist sehr wenig erforderlich (Lösung C).

Zu Mischungen wird Preussischblau sehr viel gebraucht. Mit gelbem Eisenoxyd erhält man grüne Farben, die für die Landschaft ausgezeichnet sind und die eine sehr grosse Dauerhaftigkeit besitzen. Mit Schwarz entsteht ein etwas grünliches Blaugrau. Ebenso kann man mit den weiter unten zu erwähnenden gelben Farben verschiedene Grüne erhalten.

Ein anderer wertvoller blauer Farbstoff ist *Indigo,* und zwar benutze ich am liebsten den in Teigform erhältlichen künstlichen Indigo der Badischen Anilin- und Sodafabrik, der mit dem dreifachen Gewicht Kreide und sehr wenig Bindemittel den dunkelsten Ton liefert, dessen hellere Abstufungen für Fernen sehr gut zu verwenden sind. Mit gelben Farbstoffen erhalt man stumpfe Grüne, mit roten gute violette Mischungen.

Lebhaft rote Farbstoffe von vollkommener Dauerhaftigkeit besitzen wir nicht, wohl aber eine Anzahl in der zweiten Garnitur. Karmin ist ganz unecht, dauerhaft ist dagegen *Krapplack* oder statt dessen der ebenso zuverlässige *Alizarinlack* der Badischen Fabrik. Dieser gibt mit Ultramarin ein prachtvolles, mit Indigo gutes Violett. Im reinen Zustande gibt er durch die Beimischung des Weiss ein bläuliches Rosa.

Gleichfalls zur zweiten Garnitur gehören die Metallfarben Zinnober, Mennige und Chromrot. Von ersterem sind die dunkleren Sorten am zuverlässigsten, doch läuft man immer die Gefahr, dass er in starkem Lichte grau wird. Mennige ist in starkem Licht nicht dauerhaft, dunkelt auch an schwefelwasserstoffhaltiger Luft. Beide Farbstoffe brauchen sehr viel Bindemittel. Ein dunkleres, lebhaftes Rot ist das Chromrot, basisches Bleichromat, das nach meinen Erfahrungen im Pastell sehr haltbar ist; wahrscheinlich ist es das dauerhafteste von den dreien, doch würde ich im allgemeinen kein Bedenken tragen, sie alle anzuwenden. Nur wird man gut tun, sie in

Mischungen soweit als möglich durch andere Farbstoffe von zweifelloser Dauerhaftigkeit zu ersetzen.

Endlich ist hier das *Chromgelb* (Bleichromat) zu nennen, das, wenn es nicht mit schwefelwasserstoffhaltiger Luft in Berührung kommt, sich mir im Pastell als dauerhaft erwiesen hat. Auch ist jene Gefahr offenbar nicht allzu gross; meine Bilder befinden sich in dem neben dem Laboratorium stehenden Wohnhause, und ich habe zuweilen die Anwesenheit jenes Gases zu beklagen; eine Einwirkung auf das Chromgelb aber habe ich noch nicht wahrgenommen.

Chromgelb wird in verschiedenen Tönen, als helles und dunkles, sowie als *Chromorange* hergestellt. Alle diese Farben sind lebhaft und schön, doch ist es gut, ihre Anwendung auf das Unentbehrliche zu beschränken, da sie bleihaltig sind und der entsprechende Staub als gesundheitsschädlich bezeichnet werden muss. Ich glaube, dass sie in Pastell vollständig durch Baryum- und Strontiumchromat ersetzt werden können, doch sind diese letzteren Farben im Handel noch kaum zu haben. *Zinkgelb*, das gegenwärtig viel an Stelle des Chromgelbes gebraucht wird, hat die für Pastell nicht willkommene Eigenschaft, dass es an Wasser lösliche Salze abgibt, und muss daher vermieden werden.

Aus Preussischblau mit Blei- und Zinkgelb sind die verschiedenen grünen Farben hergestellt, die unter zahllosen Namen, wie grüner Zinnober, Chromgrün, Zinkgrün, Ölgrün usw. in den Handel kommen, und die ausserdem farblose Zusätze aller Art enthalten, Es ist für den Maler wohl am zweckmässigsten, sich diese Gemische selbst herzustellen, und zwar womöglich nicht mit dem bleihaltigen Chromgelb, sondern mit Barytgelb (gelbem Ultramarin) oder mit Strontiumgelb. Solche grüne Farben sind in hohem Masse beständig.

Hiermit ist die Reihe der anzuwendenden Farben so ziemlich erschöpft. Nicht dass nicht noch einige dauerhafte Farbstoffe vorhanden waren; sie sind aber mehr oder weniger entbehrlich, d. h. sie lassen sich in ihrer farbigen Wirkung durch Mischung der genannten Stoffe nachbilden oder ersetzen. Alle die genannten Farben lassen sich beliebig miteinander vermischen und beeinflussen sich gegenseitig nicht. Denn da im Pastell die einzelnen Farbkörnchen ohne innige Berührung nebeneinander liegen und kein Bindemittel den möglichen Verkehr zwischen ihnen vermittelt, so sind gegenseitige chemische Beeinflussungen viel mehr ausgeschlossen, als beispielsweise in der Ölmalerei.

Endlich will ich noch erwähnen, dass es bequem ist, ausser den hellen Abtönungen der Farben mit Kreide noch einige dunkle mit Frankfurterschwarz herzustellen. Man verfährt hierbei nach dem gleichen Schema, wie mit Kreide, wird aber mit drei Mischungen meist sein Auskommen finden.

So, damit habe ich Ihnen das nötigste mitgeteilt. Wollen Sie eingehendere Kenntnis der Farbstoffe gewinnen, so können Sie dazu das sehr empfehlenswerte Werk von Linke, *die Malerfarben* (Stuttgart 1904) benutzen.

Schliesslich gebe ich Ihnen noch das allgemeine Verfahren an, Farbstoffe für Pastell auf ihre Lichtechtheit zu prüfen. Sie überziehen einfach ein Pastellpapier gleichförmig mit der betreffenden Farbe, wozu Sie am besten einen mittleren Ton wählen, fixieren den Auftrag und setzen ihn so dem Lichte aus, dass die eine Hälfte geschützt bleibt. Wenn Sie einen photographischen Kopierrahmen haben, so legen Sie die gefärbten Schnitzel darunter, nachdem Sie die Hälfte mit schwarzem Papier bedeckt haben; zur Not tut es auch ein zusammengelegter Pappdeckel, aus dem die Papiere halb hervorragen. Stellen Sie die Versuche im Sommer bei kräftigem Sonnenlichte an, so gewährt Ihnen bereits eine Versuchsdauer von einigen Tagen eine genügende Auskunft, indem Sie etwaige, durch die Lichtwirkung entstandene Veränderungen gegenüber dem geschützten Teil leicht erkennen werden.

Bei der Ausführung der Versuche müssen Sie nur darauf achten, dass Sie sich nicht etwa durch das Vergilben des *Papiers* täuschen lassen, das bei schlechtem Material gleichfalls sehr schnell im Sonnenlichte eintritt.

V. Theoretisches. Decken der Farbstoffe, beruhend auf Spiegelung und Lichtbrechung. Einfluss des Mittels

Lieber Freund!

Ihr Herr Kollege hat zu früh triumphiert. Es ist allerdings vollkommen richtig, dass meine letzten Briefe ausschliesslich praktische Anweisungen und Rezepte geben. Ich habe aber theoretische Erläuterungen nicht deshalb vermieden, weil ich sie nicht zu geben wüsste, sondern weil mir daran lag, Leser wie Ihr Herr Kollege einer ist, davon zu überzeugen, dass theoretische Kenntnisse kein Hindernis für die Ausarbeitung praktischer Vorschriften sind. Ich muss im Gegenteil betonen, dass alle meine Anweisungen auf theoretischen Grundlagen beruhen, ja, dass ich die einzelnen Seiten des Verfahrens nach theoretischen Überlegungen aufgesucht und verbessert habe, und zum Nachweise hiervon will ich die Einzelheiten unter allgemeinen Gesichtspunkten nochmals erörtern.

Wir beginnen mit der Tatsache, dass die Pastellfarbe *deckende* Eigenschaften hat, d. h. dass ein Auftrag von Pastellfarbe die darunter liegende Farbe, sei es des Grundes, sei es eines früheren Auftrages von Farbstoff, mehr oder weniger vollständig zudeckt, so dass nur oder fast nur die oberhalb liegende Farbschicht das Aussehen der Stelle bestimmt. Die Theorie des »Deckens« ist von grösster Wichtigkeit für die Beurteilung der meisten Verhältnisse in der Malerei, auch bei anderen Techniken, und ich erbitte mir daher für sie alle Ihre Aufmerksamkeit. Zunächst seien die Erscheinungen bei weissen Farbstoffen erklärt.

Alle weissen Farbstoffe, also auch die Schlemmkreide, bestehen aus sehr kleinen Körnchen eines Stoffes, welcher an sich farblos und *durchsichtig* ist. Dass farblos durchsichtige Stoffe durch feine Zerteilung undurchsichtig weiss werden, ist eine sehr leicht zu beobachtende Tatsache. Schnee besteht aus Kriställchen des durchsichtigen Eises, der weisse Schaum der Meereswogen besteht aus Blättchen durchsichtigen Wassers. Doch ist die feine Zerteilung nicht allein die Ursache der weissen Farbe, sondern daneben ist notwendig die gleichzeitig vorhandene häufige Abwechslung zwischen zwei farblosen Stoffen von sehr verschiedener Lichtbrechung, wie Eis, bezw. Wasser und Luft. Mischt man z. B. Glaspulver, welches aus gleichem Grunde weiss und »deckend« ist, mit einem Stoffe von annähernd gleicher Lichtbrechung, wie Terpentinöl, so erhalt man ein fast durchsichtiges Gemenge, welches nicht mehr deckt.

Die Ursache dieser Verschiedenheiten liegt in der *Spiegelung* oder *Zurückwerfung* des Lichtes. Um selbst zu sehen, um was es sich hierbei handelt, nehmen Sie eine gewöhnliche farblose Glastafel zur Hand und beobachten Sie die nachfolgenden Erscheinungen:

Wenn Sie dem Fenster den Rücken wenden und die Glasplatte aufrecht und etwas seitlich halten, so werden Sie bald ein Spiegelbild des Fensters erblicken, das von der vorderen Oberfläche des Glases zurückgeworfen wird. Dieses Bild ist nicht so hell, wie eines in einem wirklichen Spiegel, und Sie erkennen daraus, dass nicht alles Licht von der Oberfläche des Glases zurückgeworfen wird. Ein Teil dringt auch in das Innere des Glases, denn bei einiger Aufmerksamkeit werden Sie auch ein zweites, gegen das erste ein wenig verschobenes Spiegelbild des Fensters erblicken, welches noch schwächer ist. Dies entsteht durch das Licht, welches in das Glas eingedrungen und an der hinteren Fläche des Glases zurückgeworfen ist. Indessen ist auch dort, wo die beiden Spiegelbilder übereinander liegen, das Bild lange nicht so hell wie in einem wirklichen Spiegel, und daraus folgt, dass ausserdem noch ein Teil des Lichtes durch das Glas gegangen ist. Dass dieser Teil sogar der grösste ist, erkennen Sie, wenn Sie sich dem Fenster zuwenden und die Glasscheibe zwischen das Auge und das Fenster bringen: der von der Glasscheibe optisch bedeckte Teil des Fensters ist nur wenig dunkler als der freie.

Nehmen Sie nun statt der einen Glasscheibe einen ganzen Stoss aufeinander liegender Scheiben, so werden Sie leicht erkennen, dass das gespiegelte Licht stärker, das durchgelassene demgemäss schwächer wird. Die Spiegelung in einem solchen Stoss, namentlich wenn die einzelnen Scheiben recht dünn und klar sind, gewinnt einen »metallischen« Charakter, d. h. das Licht wird bedeutend *vollständiger* zurückgeworfen. Dies ist leicht zu verstehen, denn von dem Lichte, das durch die erste Scheibe gegangen ist, wird ein Teil von der zweiten zurückgeworfen, und die dritte tut das gleiche mit dem noch weitergegangenen. Je mehr Scheiben übereinander liegen, um so mehr Licht wird also zurückgeworfen und um so weniger kann durchgehen. Schliesslich kann man sich vorstellen, dass, wenn das vorhandene Glas in unbegrenzt viele, unbegrenzt dünne Platten gespalten würde, gar kein Licht mehr durch könnte, weil alles zurückgeworfen wird. Man kann dies nahezu erreichen, wenn man ein klares Stückchen Glimmer stark erhitzt. Hierbei springt das Mineral in zahllose dünne Blättchen, die locker aneinander haften, und man erhält eine silberartig aussehende Platte, die sehr stark das Licht zurückwirft, aber keines mehr durchlässt.

Nun machen Sie aber einen Hauptversuch. Teilen Sie Ihren Stoss Glasplatten in zwei gleiche Hälften und legen Sie die Platten der einen Hälfte aufeinander, nachdem Sie jede von ihnen mit Wasser benetzt haben. In diesem Stosse werden also die einzelnen Platten voneinander nicht durch Luft, sondern durch Wasser getrennt sein. Sie sehen auf den ersten Blick, dass der nasse Stoss viel mehr Licht durchlässt und viel weniger spiegelt als der trockene. Damit ist vergleichbar, dass nasse Kreide viel dunkler aussieht und viel schlechter deckt als trockene. Die Theorie dieser Erscheinung ist die folgende:

Damit an der Grenzfläche zweier durchsichtiger Schichten eine Spiegelung stattfindet, müssen diese beiden Schichten von verschiedener Beschaffenheit sein, wie etwa Glas und Luft oder Luft und Wasser. Wo beispielsweise Wasser an Wasser, also gleich an gleich grenzt, tritt nie eine Spiegelung ein. Die Grösse nun, von welcher der Betrag des zurückgeworfenen Lichtes abhängt, heisst die *Lichtbrechung*, und es besteht das Gesetz, dass unter sonst gleichen Verhältnissen um so mehr Licht zurückgeworfen wird, je grösser der Unterschied der Lichtbrechung in den aneinander grenzenden Schichten ist. Betrachtet man nun folgende Zahlen für die Lichtbrechung: Luft 1.00, Wasser 1.33, Öl 1.48, Glas 1.53, Kreide 1.57, Barytweiss 1.64, Zinkweiss 1.90, Bleiweiss 2.00, so ist der Unterschied zwischen Luft und Glas 0.53, während der zwischen Wasser und Glas nur 0.20 ist; dies gibt also Rechenschaft von der sehr viel kleineren Spiegelung im Innern des nassen Stosses. Gleichzeitig sieht man, dass alle anderen Stoffe nächst dem Glas eine grössere Lichtbrechung haben; sie würden also bei einer entsprechenden Anordnung weniger Licht durchlassen und mehr spiegeln.

Ganz ähnliche Verhältnisse finden nun statt, wenn an Stelle des Stosses ebener Platten eine Ansammlung von unregelmässigen Stückchen tritt. Zwar verschwindet mit der ebenen Grenzfläche auch die *regelmässige* Spiegelung, aber die Zurückwerfung des Lichtes bleibt bestehen, und weil diese nun von und nach allen Richtungen stattfindet, erscheint die Oberfläche gleichförmig weiss. Das ist also die Ursache, warum Schnee, Wasserschaum, gepulvertes Glas usw. weiss aussehen.

Gleichzeitig erkennen wir, wovon es abhängt, wie gut ein derartiges Pulver *deckt*. Denken wir uns die verschiedenen weissen Pulver auf einen schwarzen Grund zu solcher Höhe aufgetragen, dass eben die schwarze Farbe des Grundes zugedeckt wird, so ist dazu erforderlich, dass das auffallende Licht praktisch vollständig zurückgeworfen wird. Da dies in unserem Plattenversuch um so vollständiger geschah, je zahlreicher die Platten und je grösser der Brechungsunterschied der aneinander grenzenden Schichten war, so werden wir schliessen: ein weisser Farbstoff deckt um so besser, je feiner er zerteilt ist und je grösser seine Lichtbrechung ist. Daneben sehen wir aber auch, dass die Deckung vermindert und die Farbe grauer werden muss, wenn statt der Luft zwischen den Teilchen des Farbstoffes sich irgend ein anderer Stoff, wie Wasser oder Öl, befindet. Und zwar wirkt Öl stärker die Deckung vermindernd als Wasser, weil es eine höhere Lichtbrechung hat als Wasser. Bleiweiss hat die grösste Lichtbrechung, deckt also am besten und wird darin auch von Öl am wenigsten beeinträchtigt; Kreide deckt am wenigsten und wird am stärksten durch Bindemittel wie Wasser oder Öl nach Grau geführt.

Hieraus ergibt sich nun auch die Erklärung aller Erscheinungen, die beim Fixieren der Pastellbilder auftreten. Wenn das Fixierwasser aufgebracht wird, erscheint das Bild viel dunkler, weil das Licht von der nassen Kreide viel weniger zurückgeworfen wird als von der trockenen. Nach dem Verdunsten des Wassers und Weingeistes bleibt aber das Bild nicht unverändert zurück, denn zwischen den Körnchen der Farbe ist das Caseïn nachgeblieben, welches an vielen Stellen »optische Brücken« zwischen den Körnchen schafft, durch welche Licht geht, so dass der Auftrag weniger deckt als vorher. Ein Fixiermittel wird also das Bild um so weniger ändern, je kleiner seine Lichtbrechung ist und je geringer die Mengen sind, die man zur ausreichenden Befestigung der Körnchen aneinander braucht. Beide Bedingungen werden recht gut vom Caseïn erfüllt, und daher rühren also die befriedigenden Eigenschaften des angegebenen Mittels. Doch ist es ganz denkbar, dass noch vorteilhaftere Kombinationen der beiden erforderlichen Eigenschaften vorhanden sind. Niemals wird man aber ein Fixiermittel herstellen können, welches das Bild völlig unverändert lässt, denn ein Verkleben der Körnchen ohne die Herstellung optischer Brücken ist physisch unausführbar.

Mit diesem praktischen Ergebnis schliesse ich für heute den theoretischen Brief.

VI. Grau, teurer Freund! Wirkungsweise der Farbstoffe. Ergänzungsfarben. Einfluss des Mittels. Mischungen durch Addition und Subtraktion. Pointillieren

Lieber Freund!

Das psychologische Experiment, das ich mir erlaubte mit Ihnen anzustellen, ist richtig gelungen: Sie haben mit dem Wort von der »grauen Theorie« gegenüber den Darlegungen meines letzten Briefes in erwarteter Weise reagiert. In welchem Zusammenhange Derartiges mit allgemeineren Fragen der Ästhetik steht, wollen wir vielleicht später einmal erörtern; dass ich letztlich nur Schwarz und Weiss, und das aus beiden sich ergebende Grau zum Gegenstande der Untersuchung machte, hatte seinen guten Grund darin, dass die dort angestellten Betrachtungen sich mit geringer Änderung auch auf die Farben im engeren Sinne anwenden lassen.

Nehmen Sie wieder ein farbiges Glas zur Hand – am besten ist es, ziemlich hell gefärbt, etwa grün oder orange – und betrachten Sie das Bild des Fensters, das sich darin spiegelt, wenn Sie mit dem Rücken zum Fenster das Glas vor einen dunklen Hintergrund halten. Das Spiegelbild von der vorderen Fläche kennen Sie bereits; es zeigt natürliche Farben, da es aus dem unverändert von der Vorderfläche gespiegelten Licht besteht. Nun suchen Sie das Nebenbild auf, das von der *Hinterfläche* der Glastafel gespiegelt wird; es ist gegen das erste ein wenig verschoben und daher nur an den überragenden Rändern leicht erkennbar. Auch wird es deutlicher, wenn Sie eine kleine Wendung zum Fenster hin machen. Dies Bild erscheint in der Farbe des Glases. Dass es so sein muss, lässt sich leicht absehen; wenn das farblose Tageslicht durch das Glas tritt, so wird es eben gefärbt; das ist die Eigenschaft des farbigen Glases. Hier ist das Licht aber nicht nur durch, die einfache Glasdicke gegangen und an der anderen Seite herausgetreten, wie wenn Sie etwa das Fenster durch das Glas betrachtet hätten, sondern da es an der Hinterflache der Glastafel gespiegelt worden ist, so hat es, um vorn wieder herauszutreten, die Glasdicke noch einmal durchmessen müssen. Dadurch ist es eben so stark gefärbt, als wäre es durch zwei

Glasscheiben von der gleichen Beschaffenheit durchgegangen. *Auf dieser Erscheinung beruht nun alle Wirkung der Farbstoffe oder Pigmente.* Denn diese haben eine ähnliche Beschaffenheit wie das gefärbte Glas, sie sind Stoffe, die das Licht zwar durchlassen, aber nur, indem sie es gleichzeitig färben. Ebenso, wie ein farblos durchsichtiger Stoff in feiner Verteilung unverändertes, also im allgemeinen weisses Licht zurückwirft, so wirft ein Farbstoff *gefärbtes* Licht zurück, und er wird auch um so besser decken, je grosser seine Lichtbrechung und je feiner seine Verteilung ist.

Zunächst werden Sie fragen: wie macht es der Farbstoff, damit das Licht farbig wird? Die Antwort ist: indem er gewisse Anteile des weissen Lichtes vernichtet. Die Optik lehrt bekanntlich, dass man das weisse Licht in eine Unzahl verschiedenfarbiger Lichtarten zerlegen kann, etwa indem man es durch ein gläsernes Prisma »bricht«. Bringt man diese verschiedenfarbigen Lichter wieder alle zusammen, so erhält man wieder weisses Licht. Nimmt man aber von den farbigen Lichtern einen Teil heraus, so gibt der Rest bei der Vereinigung gleichfalls ein farbiges Licht. Diese Eigenschaft haben nun die farbigen Körper: sie vernichten einen Teil des Lichtes, das durch sie geht, d. h. sie verwandeln es in Wärme, so dass es aufhört, als Licht zu existieren, und daher erscheint der durchgehende Rest in einer entsprechenden Farbe.

Es gehört also je ein Paar Farben zusammen, die herausgenommene und die des Restes. Nimmt man beispielsweise Rot heraus, so erscheint der Rest nach der Zusammenfügung grün und umgekehrt. Solche Farbenpaare nennt man *Ergänzungsfarben.* Die Paare:

Rot und Blaugrün,

Goldgelb und Blau,

Grüngelb und Violett

sind solche Ergänzungsfarben, doch gibt es natürlich unendlich viele, da man beliebige Gebiete der Farben aus der Gesamtheit des weissen Lichtes herausnehmen kann und daher auch entsprechend viele Ergänzungsfarben erhält. Jedes Paar ist reziprok, d. h., wenn ich Blaugrün herausnehme, erhalte ich Rot, nehme ich Rot heraus, so erhalte ich Blaugrün.

Einstweilen genügt dies, um die einfachen Erscheinungen in der uns vorliegenden Technik des Pastells zu verstehen. Mein Ultramarin hat die Eigenschaft, einen solchen Anteil des weissen Lichtes zu verschlucken, dass der Rest hauptsächlich aus Blau (neben etwas Violett und Rot) besteht, und indem das weisse Licht in die übereinander liegenden Teilchen des Farbstoffes eindringt und von deren Hinterflächen wieder zurückgeworfen wird, gelangt es als blaues Licht in mein Auge. All dieses Licht ist freilich nicht blau, denn von den Oberflächen der obenliegenden Teilchen erhalte ich auch weisses Oberflachenlicht neben dem blauen Tiefenlicht. Aber dieser Anteil ist aus leicht ersichtlichen Gründen um so kleiner, je feiner das Pulver meines Farbstoffes ist, und daher bei fein geriebenen Farbstoffen meist recht gering.

Nun werden Sie bemerkt haben, dass das Ultramarin, als Sie es zum Zweck der Formung der Pastellstifte mit Wasser und Tragant angerieben hatten, sehr viel dunkler blau aussah als vorher in Gestalt des Pulvers und nachher in Gestalt der trockenen Stifte, und Sie wissen allgemein, dass trockene Farbstoffe immer viel heller aussehen als nasse, seien sie nun mit Wasser, Öl, Firnis oder irgend einer anderen Flüssigkeit getränkt. Die Erklärung hierfür ist in den Darlegungen des fünften Briefes gegeben. Wenn die Zwischenräume zwischen den einzelnen Farbkörnchen mit einer Flüssigkeit von grösserer Lichtbrechung als Luft angefüllt sind (und es haben alle Flüssigkeiten eine bedeutend grössere Brechung als Luft), so erfolgt die Zurückwerfung des Lichtes von den Hinterflächen der Farbstoffkörnchen viel schwächer. Das Licht muss also viel mehr hintereinander liegende Körnchen durchdringen, ehe es wieder zurückgeworfen wird, und es wird dabei um so tiefer gefärbt. Hierbei wird natürlich viel mehr von der Gesamtmenge des Lichtes verschluckt, und daher ist die Farbe sowohl reiner wie dunkler.

Das Aufhellen der Stifte durch Kreidezusatz ist demnach eine einfache Sache. Es liegen in dem Gemisch neben blaumachenden Ultramarinteilchen Kreideteilchen, welche weisses Licht unverändert zurückschicken, und das Gesamtlicht besteht daher aus Blau und Weiss nebeneinander. Wegen der Kleinheit der einzelnen Körnchen unterscheiden wir beide nicht, sondern sehen nur ein helles, d. h. viel Weiss enthaltendes Blau. Auch solche Gemische sehen im nassen Zustande tiefer blau aus als trocken, denn auch hier dringt das Licht tiefer in das nasse Gemisch ein, und wird daher von mehr Ultramarinkörnchen beeinflusst als beim trockenen Gemische.

Wenn Sie sich nun noch vergegenwärtigen, dass die Anwendung eines Fixiermittels in abgeschwächtem Masse ganz dieselbe optische Wirkung tut wie das Befeuchten, so wissen Sie, warum das Pastellbild nach dem Fixieren ein wenig tiefer in der Farbe zurückbleibt, als es vorher war, und damit haben Sie die wesentlichen Kenntnisse über die Optik der Pastelltechnik zusammen, soweit es sich nicht um *Mischungen* handelt.

Was letztere anlangt, so ist ihre Theorie von Helmholtz, Brücke u. a. wiederholt so ausführlich und genügend dargelegt worden, dass ich mich hier auf die Angabe des Allernötigsten beschränken kann. Ich bitte Sie, die nachfolgenden Zeilen zu überschlagen, ausser wenn Sie Ihre Erinnerung wieder auffrischen wollen.

Denken Sie sich aus einem mittleren Weiss in der eben geschilderten Weise verschiedene Gebiete farbigen Lichtes herausgenommen und den Rest zu der Ergänzungsfarbe vereinigt, so haben Sie zunächst eine unendliche Reihe paarweise zu einander gehöriger Farben. Jede dieser Farben können Sie nun in zweierlei Art verändern. Erstens können Sie die Farbe einerseits immer heller, andrerseits immer dunkler denken, ohne dass sie aufhört, die fragliche Farbe zu sein. So können Sie etwa ein gegebenes Grün einerseits bis zum hellsten, andrerseits bis zum dunkelsten Grün vom gleichen Farbcharakter (etwa Blaugrün) verfolgen. Diesen Unterschied nennen wir die *Helligkeit* der Farben. Andrerseits aber können Sie das Grün, ohne seine Helligkeit zu andern, immer weniger grün werden lassen, so dass es zuletzt in Grau ausläuft. Diesen Unterschied nennen wir die *Sättigung* der Farbe. Während also die Helligkeit von der Gesamtmenge des Lichtes abhängt, die in unser Auge gelangt, hängt die Sättigung *davon ab, wieviel von dem Gesamtlicht farbig und wieviel farblos ist.* So wird beispielsweise ein Farbstoffauftrag durch die Mitwirkung des Oberflächenlichtes um so heller, aber gleichzeitig um so weniger gesättigt, je mehr Oberflächenlicht sich dem Tiefenlicht beigesellt.

Zerlegen wir ein beliebiges farbiges Licht in seine Bestandteile, so wird ein Licht von gesättigter Farbe sich dadurch kennzeichnen, dass nur ein verhältnismässig kleines Gebiet von Strahlen vorhanden ist, während alle anderen fehlen; ein gesättigtes Blaugrün wird also, wenn man es mittels des Prismas zu zerlegen versucht, nur blaugrünes Licht und kein anderes ergeben. Je weniger gesättigt eine Farbe ist, um so mehr andere Strahlen werden sich darin finden, und im neutralen Grau sind alle Strahlen in demselben Verhältnis vorhanden wie im Weiss, nur weniger hell.

Was geschieht nun, wenn man zwei Farben mischt? Um hierauf die richtige Antwort zu finden, muss man sich vor allen Dingen gegenwärtig halten, dass es zwei wesentlich verschiedene Arten gibt, zwei (und mehr) Farben zu mischen, nämlich durch *Addition* oder durch *Subtraktion*. Lässt man beispielsweise grünes und gelbes Licht, etwa aus zwei Scheinwerfern, auf dieselbe weisse Fläche fallen, so erhält das Auge von dieser die Summe der beiden Lichtarten, es findet *Addition* statt. Setzt man aber umgekehrt das gelbe Glas vor den Scheinwerfer, der bereits das grüne trägt, so entnimmt es dem bereits grün gefärbten Lichte {dem nun vorwiegend die roten Strahlen fehlen) noch diejenigen (vorwiegend blauvioletten) Strahlen, durch deren Verlust das weisse Licht gelb gefärbt wird, und es fehlen im durchgegangenen Lichte die *beiden* Gebiete. Dass beide Arten der Farbmischung wesentlich verschiedene Resultate liefern, hat Helmholtz an verschiedenen auffallenden Beispielen gezeigt: während man durch Subtraktion aus Blau und Gelb Grün erhält, geben diese beiden Farben durch Addition Weiss. Ferner ist das additive Licht natürlich heller, als unter gleichen Umstanden das subtraktive.

Bei der gewöhnlichen Mischung der Farben treten nun ganz vorwiegend die Erscheinungen der *Subtraktion* auf; wir sind in der Tat gewohnt, aus Blau und Gelb Grün zu mischen. Doch kann man auch additive Wirkungen auf Bildern hervorbringen. Dies gelingt, wenn man die zu addierenden Farben in möglichst kleinen Punkten oder Flecken *neben*einander setzt, ohne sie über einander zu lagern. Wird dann das Auge des Beschauers so weit vom Bilde entfernt, dass es die einzelnen Flecken nicht mehr unterscheiden kann, so findet auf der Netzhaut eine Wirkung statt, die der Übereinanderlagerung oder Addition der beiden Farben entspricht. Von diesem Vorgange machten die Pointillisten oder Neo-Impressionisten gebrauch.

Nach dem, was vorher erörtert worden ist, wird sich jede derartig erzielte Farbwirkung ebenso in das System der nach Helligkeit und Sättigung geordneten Farben einreihen lassen wie irgend eine durch Subtraktion erzielte Farbe, nur müssen in beiden Fällen andere Verhältnisse der Farbstoffe nebst Weiss gewählt werden, um die gleiche Wirkung zu erzielen. Man muss daher in Abrede stellen, dass in bezug auf Helligkeit, Tiefe, Feuer, oder wie man sonst die Farbwirkung kennzeichnen will, durch das Verfahren der additiven Mischung grundsätzlich andere oder weitergehende Resultate erhältlich sind als durch die gewöhnliche subtraktive Mischung. Auf beiderlei Weise hat man die gleiche Reihe vom weissesten Weiss bis zum schwarzesten Schwarz zur Verfugung, welches die Pigmente hergeben können, nur hat man zur Erreichung der gleichen Farbwirkung jedesmal andere Mittel anzuwenden. Nur darin besteht ein Unterschied, dass beim Nebeneinandersetzen der Farben, also der additiven Mischung durch die nicht unerhebliche Grösse, die man aus technischen Gründen den einzelnen Flecken geben muss, eine feinere Zeichnung sehr erschwert ist, während dadurch, dass die Farbflecken sich hart an der Grenze der Unterscheidbarkeit befinden, ein psychophysisch begründeter Nebeneindruck entsteht, ein *Flimmern*, das mit einem glatten Farbauftrag nicht zu erzielen ist. Hierin liegt die Erweiterung der Mittel, welche durch diese Technik erreicht wird. Man wird von vornherein sagen können, dass für gewisse Erscheinungen ein solches Mittel von grossem, ja unersetzlichem Werte ist, wahrend andrerseits zahllose andere Erscheinungen vorliegen und dargestellt werden, denen diese besondere optische Wirkung nicht angemessen ist.

In ihrer Anwendung auf die Pastelltechnik ergeben diese Betrachtungen, dass auch hier beim Mischen meist Subtraktionsfarben erzielt werden, und zwar um so mehr, je durchsichtiger die einzelnen Farbstoffkörnchen sind. Farbstoffpulver, die mit geringer Durchsichtigkeit eine etwas gröbere Kornbeschaffenheit verbinden, zeigen indessen Mischungserscheinungen, die sich zuweilen denen der Addition annähern. Hierüber sammelt der Künstler unter der Arbeit sehr bald die erforderlichen Erfahrungen. Für die Durchführung einer rein additiven Technik gewährt das Pastell gute Möglichkeiten, indem man erst die eine Farbe in kurzen Strichen oder Punkten hinsetzt, darauf fixiert, und dann mit der anderen Farbe in die Zwischenräume geht. Durch das nach jedem Auftrag vorgenommene Fixieren ist ein Mittel gegeben, die Vermischung der nacheinander gebrauchten Farbstoffe zu verhindern.

.

VII. Aquarell. Lasur- und Deckfarben. Bindemittel. Stumpfwerden beim Trocknen und die Wirkung der Firnisse. Grosse Dünne der Farbschichten und daher rührende Schwierigkeiten und Vorteile, Zusammenfassung

Lieber Freund!

Sie haben nach der Anweisung meines vorigen Briefes mit dem farbigen Glase experimentiert und fragen mich, warum dessen Farbe so viel kräftiger und gesättigter aussieht, wenn man es auf ein weisses Papier legt, als wenn man bloss das weisse Papier dadurch ansieht. Zunächst nehmen Sie meine Anerkennung für die Richtigkeit Ihrer Beobachtung; dass es Ihnen aufgefallen ist, bedeutet bereits einen gut entwickelten Sinn für das Bemerken von Erscheinungen, auf die man nicht vorbereitet war. Diese Fähigkeit ist seltener als man glauben sollte, denn die meisten Menschen sehen nur das, was sie zu sehen erwartet hatten.

Die Ursache liegt darin, dass beim Betrachten des weissen Papiers durch das farbige Glas das weisse Licht des Papiers nur einmal durch das Glas gegangen ist. Legen Sie aber das Glas auf das Papier, so muss das Tageslicht, um zum Papier zu gelangen, bereits einmal durch das Glas gehen und wird dann vom Papier nochmals durch das Glas bis zu Ihrem Auge zurückgeworfen. Es entsteht also in diesem Falle eine Wirkung, als wäre das Tageslicht durch die *doppelte* Dicke des Glases gegangen, und demgemäss ist die Färbung entsprechend stärker.

Hiermit sind wir nun auch gleichzeitig in die Theorie der Technik eingetreten, zu der ich mich im systematischen Gange nun zu wenden habe, zu dem *Aquarell* im engeren Sinne. Ursprünglich bedeutet ja der Name ersichtlicherweise nur eine Maltechnik, die auf der Anwendung des *Wassers* zum Verdünnen und Auftragen der Farbstoffe beruht. Nun wissen Sie aber, dass Wasserfarben in zwei verschiedenen Weisen angewendet werden, als *Aquarell* und als *Guasche*. Während früher alle Welt und jetzt noch, wie ich glaube, die Engländer mit einer Art religiöser Scheu vermeiden, die beiden Arten nebeneinander in demselben Bilde zu gebrauchen, ist heute im internationalen Kreise der Künstler dieser Zopf gefallen und es herrscht hier wie sonst das Motto: erlaubt ist, was gefällt.

Wie bei allen derartigen Regeln handelt es sich um gewisse tatsächliche Verhältnisse, welche zu dem Dogma geführt haben. Nur der Umstand, dass man sich über die Ursache der beobachteten Erscheinungen nicht klar ist, bewirkt dann ein solches summarisches Verbot, wobei denn immer das Kind mit dem Bade ausgeschüttet wird, d. h. neben den unschönen Verbindungen auch die schönen und brauchbaren verboten werden.

Es handelt sich hier nämlich um einen sehr wichtigen Unterschied, der bereits den ältesten Schriftstellern über Malerei geläufig ist, den der durchsichtigen und der undurchsichtigen Farben, oder wie wir heute sagen, der *Lasur-* und *Deckfarben*. Beim Aquarell im engern Sinne werden möglichst nur Lasurfarben verwendet, während die Guasche umgekehrt fast ausschliesslich Deckfarben gebraucht. Worauf das Decken beruht, haben wir bereits im dritten Briefe erörtert: eine Deckfarbe gibt nur solches Licht aus, welches durch Absorption und Reflexion, durch Verschlucken und Zurückwerfen in den Körnchen des *Farbstoffes selbst* seinen Charakter erhalten hat. Eine Lasurfarbe wirkt dagegen wie ein auf Papier gelegtes farbiges Glas: sie lässt die Farbe des *Untergrundes* durchwirken und entzieht diesem Lichte nur noch diejenigen Strahlen, die sie selbst verschluckt. Beim Aquarell dient nun als Untergrund im allgemeinen weisses oder nur sehr wenig gefärbtes Papier. Die Wirkung des Aquarells auf das Auge entsteht also durch das Zusammenwirken des weissen Papieres mit den aufliegenden durchsichtigen Farbstoffschichten.

Demgemäss setzt sich die Palette des Aquarellisten vorwiegend aus solchen Farbstoffen zusammen, welche nichtdeckenden oder durchsichtigen Charakter haben. Erinnern Sie sich der Theorie des Deckens aus den früheren Briefen, so werden Sie alsbald die Eigenschaften erkennen, welche bei derartigen Farbstoffen vorhanden sein müssen: da die Deckung um so stärker ist, je grösser die Lichtbrechung des Farbkörpers ist, so werden solche Farbstoffe am durchsichtigsten sein, deren Lichtbrechung am geringsten ist. Dies findet sich allgemein bestätigt: die Bleifarben, welche allgemein die grösste Lichtbrechung haben, sind keine Lasurfarben, wohl aber die

»Lacke« aller Art, deren Träger die Tonerde, ein Stoff mit kleiner Brechung, ist.

Ferner aber wird das einzelne Farbkörnchen um so durchsichtiger sein, je *kleiner* es ist. Hieraus ergibt sich die Notwendigkeit, für das Aquarell möglichst feingeriebene Farbstoffe zu verwenden. In der Tat beruhen die Unterschiede in der Güte der verschiedenen Arten von käuflichen Aquarellfarben so gut wie ausschliesslich auf dem durch das Reiben erzielten Feinheitsgrade des Farbstoffes. Denn mit gesteigerter Feinheit nimmt nicht nur die Durchsichtigkeit des einzelnen Kornes zu, sondern auch sein Festhaften nach erfolgtem Auftrage. Es ist ja ohne weiteres ersichtlich, dass ein Körnchen durch späteres Darüberführen des Pinsels um so weniger von seinem Platze bewegt werden wird, je kleiner es ist, je enger also die Schlupfwinkel sind, in denen es Unterkunft und Schutz gegen spätere Belästigung durch die Pinselhaare finden kann. Hieraus rührt die Eigenschaft sehr fein geriebener Aquarellfarbe, nach einmal erfolgtem Trocknen mehr oder weniger unverwaschbar zu sein.

Die Frage nach dem *Bindemittel* der Aquarellfarbe, die Ihnen vermutlich längst auf der Zunge geschwebt hat, beantwortet sich sehr einfach: es wird meist arabisches Gummi dazu genommen. Dieses ist, wie Sie wissen, in Wasser löslich, und darauf beruht die Eigenschaft der Farbstofftäfelchen, beim Reiben mit Wasser zu zergehen. Ferner beruht hierauf die andere Eigenschaft, dass stark aufgetragene Aquarellfarbe dem nassen Pinsel nicht standhält. Während nämlich bei dünnem Auftrag die Farbstoffkörnchen in den Unebenheiten des Papieres genügend Platz finden können, werden die meisten von ihnen bei starkem Auftrag nur durch das Gummi festgehalten, und müssen diesen Halt verlieren, wenn das Bindemittel aufgelöst wird. Daher kann man bei geschwinder und geschickter Arbeit allerdings auch über starke Farbe einen neuen Auftrag machen: wenn man nämlich fertig ist, bevor sich das Gummi gelöst hat. Sowie man aber zum zweitenmal mit dem Pinsel auf die nasse Stelle kommt, wird die ihres Haltes beraubte Untermalung mitgenommen.

Aus dieser Unbequemlichkeit ergibt sich die Frage, ob man nicht Bindemittel verwenden kann, die nach dem Trocknen gegenüber einem weiteren Auftrage fest bleiben. Solche Bindemittel gibt es allerdings; wir werden sie später bei der Tempera kennen lernen. Sie haben neben dem erwähnten Vorzug offenbar den Nachteil, dass man auch die Farben beim Aufbewahren nicht trocken werden lassen darf, da alsdann auch die Unlöslichkeit eintreten müsste. Doch sollen diese Erörterungen der späteren Abhandlung über die Tempera vorbehalten bleiben: beim Aquarell rechnet man eben mit der Löslichkeit des Bindemittels und handelt danach.

Während die mit sehr dünner Farbe behandelten Stellen eines Aquarellbildes nach dem Trocknen ebenso aussehen wie in nassem Zustande, werden die stark gedeckten Stellen deutlich »stumpfer« beim Trocknen. Dieser Ausdruck besagt nichts, als dass nach dem Trocknen mehr zerstreutes *Oberflächenlicht* von den betreffenden Stellen zurückgeworfen wird. Die hier obwaltenden optischen Verhältnisse lassen sich auf Grund unserer früheren Betrachtungen leicht verstehen.

Sie erinnern sich, dass die Zurückwerfung des Lichtes um so geringer ist, je geringer der Unterschied zwischen der Lichtbrechung der Körnchen und der ihrer Umgebung ist. Im nassen Bilde besteht die Umgebung aus Wasser, im trockenen teils aus Gummi, teils aus Luft. Ersteres hat ungefähr die gleiche Brechung wie die Farbstoffe; ein Gemenge von beiden wirkt also fast wie ein gefärbtes Glas; die Luft hat dagegen eine sehr viel kleinere Brechung und die von Luft umgebenen Körnchen wirken also vorwiegend als Deckfarbe. Bei sehr dünnem Auftrage reicht das Gummi aus, um jedem Körnchen die zur Lasurwirkung erforderliche Umgebung zu gewähren, bei dickem Auftrage dagegen nicht, wenn man nicht noch besonders Gummi oder ähnliche Stoffe hinzunimmt. Während also im *nassen* Bilde die eben beschriebene Rolle des Gummis vom Wasser überall übernommen wird, gelangt beim *trockenen* an die Stelle des Wassers um so mehr Luft, je stärker der Farbauftrag ist.

Ebenso einfach wie die Erklärung des Stumpfwerdens beim Trocknen ist die der Wirkung von Firnissen u. dgl. auf das stumpf gewordene Bild, das sie wieder »herausholen«. Der Firnis bewirkt, dass jedes Farbkörnchen dauernd in eine optisch ähnliche Umgebung wie beim nassen Bilde kommt und dass ihm somit ermöglicht wird, wie ein durchsichtiges farbiges Glas zu wirken. Als Firnis kann daher jede Lösung dienen, die einen glasähnlichen Rückstand lässt, also z. B. wieder arabisches Gummi. Um aber nicht Gefahr zu laufen, den Farbauftrag durch Lösen des Bindemittels zu zerstören, nimmt man meist alkoholische Firnisse, denn Alkohol löst das Gummi nicht auf. Eine Lösung von gebleichtem Schellack ist brauchbar; noch besser scheint mir der unter dem Namen Zaponlack jetzt in den Handel gebrachte Firnis, der vollkommen farblos ist und auch keine Gefahr des Vergilbens mit sich bringt. Er besteht aus einer Lösung von Celluloid in Amylacetat und hat den besonderen Vorzug, dass er keine Neigung hat, in das Papier einzudringen, wie es die alkoholischen Lacke tun.

Für die erzielten Farbwirkungen spielt der Bildgrund, das Papier, eine wesentliche Rolle, denn ihm fällt die Aufgabe zu, das Licht zu reflektieren. Der dünne Farbüberzug wirkt als durchsichtiges Mittel, und zwar zweifach, indem das auffallende Licht zuerst beim Durchgehen bis zum Papier wie durch ein farbiges Glas gefärbt wird, sodann aber zum zweitenmal beim Zurückgehen den gleichen Einfluss erfahrt. Damit diese Wirkung zu stande kommt, müssen namentlich für hellere Farben *ganz ausserordentlich dünne* Farbstoffschichten aufgetragen werden. Ist dieser Farbstoff dann nicht vollständig unveränderlich und erfährt er eine langsame chemische Umwandlung, so genügt ein quantitativ verschwindend kleiner Umsatz, um eine für das Auge sichtbare Wirkung hervorzurufen. Somit zeigen Aquarelle in ganz besonders hohem Masse die Eigenschaft des Verbleichens im Lichte, falls sie nicht mit unveränderlichen Farben hergestellt sind.

Die beschriebene Art der Lichtwirkung bedingt auch die bekannte Schwierigkeit des Aquarells bei der Herstellung grösserer Flächen von gleichförmiger oder regelmässig abgetönter Färbung. Denn da die ganze Wirkung auf der Dicke oder Dichte der aufliegenden durchsichtigen Farbschicht beruht, so muss diese Dicke ganz gleichförmig sein oder regelmässig abnehmen, wenn die angedeuteten Wirkungen erzielt werden sollen. Beim Pastell ist eine solche Schwierigkeit ebenso wenig vorhanden wie bei der Guachetechnik. Denn da hier die Farbschicht so dick aufgetragen wird, bis die Wirkung des Untergrundes aufgehoben ist, so ist es gleichgültig, ob an einzelnen Stellen der Auftrag noch etwas dicker ist, da sie durch die Wirkung nicht weiter geändert wird.

Andrerseits bewirkt die beschriebene Lichtbewegung eine sehr reine und klare Färbung des zurückgeworfenen Lichtes. Dies beruht darauf, dass hier das *gesamte* Licht die färbende, durchsichtige Schicht zweimal durchdringen muss, während bei der Reflexion von deckenden Farben ein Gemenge von farbigem Tiefenlicht und von weissem Oberflächenlicht an das Auge gelangt, dem der Charakter der Durchsichtigkeit fehlt.

Soll ich daher mein Urteil über die Eigentümlichkeiten der Aquarelltechnik zusammenfassen, so kann ich ihr keine sehr grossen Vorzüge zuschreiben, Ihre wichtigste Tugend besteht in dem mittels der durchsichtigen Farben erzielten optischen Charakter; ferner bedingen die geringen Mengen des Bindemittels keine Gefahr für die Dauer des Bildes infolge ihrer Veränderung. Da auch der Unterlage, dem Papier, ein sehr grosses Mass von Dauerhaftigkeit zugesprochen werden kann, so liegen nach dieser Richtung keine Ursachen schnellen Verderbens vor. Dagegen ist ein sehr erheblicher Nachteil der Umstand, dass die gesamte Wirkung des Bildes auf der Stärke und Beschaffenheit einer ausserordentlich dünnen Farbstoffschichte beruht, woraus sich einerseits die Schwierigkeiten in der Herstellung der Bilder, andrerseits ihre grosse Empfindlichkeit gegen chemische Veränderungen der Farbstoffe ergeben. Diese Umstände schränken die Freiheit des Künstlers nicht unerheblich ein, und so sehen wir, dass gegenwärtig die Künstler, die Wasserfarben zur Herstellung grosser Gemälde verwenden, die reine Aquarelltechnik gegen eine gemischte vertauschen, die von jenem Hauptfehler weniger betroffen ist. Die grosse Verbreitung des Aquarells in Liebhaberkreisen hat ihren Grund wohl ausschliesslich in der Leichtigkeit und Einfachheit des erforderlichen Apparates; infolge ihrer technischen Schwierigkeiten ist sie sonst für den Anfänger die ungeeignetste von allen.

VIII. Die Wirkung der Galle beruht auf Oberflächenspannung. Das Gerinnen der Wasserfarbe. Einfluss von zugemischtem Deckweiss: die Wirkung trüber Mittel. Darstellung der Fernen durch trübe Lasur. Guasche, Ein neues Problem: der Zusammenhang zwischen Bildschicht und Malgrund

Lieber Freund!

Aus den Fragen, die Sie mir stellen, ersehe ich mit Genugtuung, dass Ihnen meine Erörterungen wirklich zum Nachdenken Anlass geben; damit ist ihr Hauptzweck erreicht. Die Fragen will ich der Reihe nach beantworten. Zunächst wollen Sie wissen, wozu die *Galle* eigentlich beim Aquarellieren dient, d. h. wie sie wirkt. Sie wissen, dass dieser Stoff den gleichförmigen Auftrag der Farbe erleichtert und die Neigung der wässerigen Farbe, in Tropfen zusammenzugehen, aufhebt. Die Ursache liegt in der *Oberflächenspannung* des Wassers, die sehr gross ist. Vermöge dieser Eigenschaft hat das Wasser mehr als jede andere Flüssigkeit das Bestreben, eine möglichst kleine Oberfläche zu bilden. Da nun offenbar ein runder Tropfen eine kleinere Oberfläche hat, als eine ausgebreitete Schicht, so hat das Wasser immer das Bestreben, aus dem Zustande der Schicht in den des Tropfens überzugehen. Wo nun die Unterlage nicht *benetzt* wird und dadurch den Bestand der Schicht sichert, bilden sich demgemäss Tropfen. Sie sehen dies am besten an den Tautropfen auf solchen Blättern, die durch einen Überzug von Haaren oder Wachs die Benetzung verhindern. Die Galle wirkt nun in doppeltem Sinne. Einmal vermindert sie sehr stark die Oberflächenspannung des Wassers, in dem sie aufgelöst ist; andrerseits erleichtert sie die Benetzung, indem sie etwa vorhandenes Fett auf der Papierfläche (welches in den meisten Fällen die Ursache der schlechten Benetzung ist) in lauter kleine Tröpfchen verwandelt und so unschädlich macht. Diese letztere Eigenschaft des *Emulgierens* ist von massgebender Bedeutung für die *Temperatechnik*, und wir wollen sie dort eingehender erörtern.

Ferner fragen Sie, woher das Gerinnen oder Grieslichwerden mancher Aquarellfarben rührt. Hierüber kann ich Ihnen allerdings nur Vermutungen sagen. Durch die äusserst feine Verteilung nähert sich der Zustand vieler Aquarellfarben dem, der in der Wissenschaft der *colloidale* Zustand genannt wird; es ist dies ein Mittelding zwischen einer mechanischen Aufschlämmung und einer wirklichen Lösung. Solche in »colloidaler Lösung« befindliche Stoffe werden nun leicht aus diesem Zustande herausgebracht und in Flocken gefällt, wenn andere, *salzartige* Stoffe in die Lösung gebracht werden. Ich halte es daher für ganz wohl möglich, dass das gewöhnliche Quellwasser, das der Wasserleitung entnommen wird, durch seinen nie fehlenden Salzgehalt eine solche Fällung hervorbringt. Da die verschiedenen colloidalen Lösungen sehr verschiedene Empfindlichkeit gegen Salze haben, so ist es ganz erklärlich, dass gewisse Farben die Erscheinung leichter zeigen als andere. Wenn diese Theorie richtig ist, so muss sie auch die Mittel an die Hand geben, den Fehler zu vermeiden. Fragen wir, wodurch die Ausfällung verhindert werden kann, so sehe ich zwei Mittel. Eines ist die Anwendung salzfreien Wassers; destilliertes oder Regenwasser enthält kein Salz und wird also ein besseres Verhalten der Farben erwarten lassen. Unwirksam wird dies Mittel sein, wenn das Papier selbst Salze enthält. Dies ist nicht ganz selten der Fall; Alaun oder Natriumthiosulfat kommen am meisten vor. Hier könnte man ein zweites Mittel anwenden. Es ist eine allgemeine Erfahrung, dass eine colloide Lösung viel schwerer gefällt wird, wenn gleichzeitig gewisse andere colloide Stoffe zugegen sind. Wenn man also dem Wasser während der Arbeit stets ein wenig Eiweiss, Leim oder Gummi zusetzt (welche alle colloide Stoffe sind), so wird auch bei salzhaltigem Wasser oder Papier eine Fällung weniger leicht eintreten. Versuchen Sie es, wenn Sie nächstens mit diesem Umstande zu kämpfen haben, und versäumen Sie nicht, mir Ihre Beobachtungen mitzuteilen.

Endlich fragen Sie, weshalb ein mit Deckweiss gemischter Farbstoff einen ganz anderen Farbton zeigt, als wenn man ihn entsprechend dünn als Aquarellfarbe auf dem weissen Papier ausbreitet. Mit Weiss gemischt erschienen die Farben alle bedeutend »kälter«. Nun nennen wir einen Farbton kälter, wenn er mehr Blau enthält, und die Frage heisst daher, warum macht die Zumischung von Weiss die Farben bläulicher aussehen?

Die Ursache liegt in der Erscheinung, welche Goethe seinerzeit für das »Urphänomen« der Farbenlehre erklärt hat, dass nämlich ein durchscheinend weisses oder trübes Mittel gegen einen dunklen Grund gesehen blau aussieht. Am einfachsten überzeugen Sie sich von der Tatsache, wenn Sie dünne Milch in ein Gefäss mit dunklen Wänden giessen: am Rande erkennen Sie leicht einen ausgesprochen blauen Streifen, wo das dunkle Gefäss noch durch die weisse Milch erkennbar durchscheint. Die physikalische Ursache dieser Erscheinung ist ein wenig umständlich zu erklären; Sie finden das Nähere darüber in Brückes Physiologie der Farben. Es kommt wesentlich darauf heraus, dass sehr kleine Teilchen am vollkommensten solches Licht zurückwerfen, welches die *kürzesten* Wellen hat, und dies ist das violette, blaue und grüne Licht. Dieses überwiegt daher in dem von der Milch zurückgeworfenen Lichte, während das durchgegangene Licht diese Strahlen verloren hat und daher *gelb* bis *rotgelb* aussieht. Dies ist die Ursache, warum die Schatten in den Fernen blau aussehen, denn dort lagern die kleinen Trübungen der Luft vor einem dunklen Hintergrunde. Umgekehrt geht bei niedrigstehender Sonne deren Licht durch diese Trübungen hindurch und ihr Licht wird daher gelb bis rot. Indessen hängt hierbei sehr viel davon ab, wie fein die trübenden Teilchen sind: das Blau, bezw. Rot ist um so reiner, je feiner sie sind. Grössere Teilchen, z. B. ein Nebel, üben nicht mehr diese auswählende Zurückwerfung aus und erscheinen daher in beiden Ansichten, auf dunklem wie hellem Grunde *ungefärbt*, d. h. grau.

Wenn Sie nun einem Farbstoff, etwa gebrannter Terra de Siena, Weiss zumischen, so wirken die weissen Teilchen als ein trübes Mittel vor dem dunklen Grunde des Farbstoffes und es mischt sich daher dem zurückgeworfenen Lichte Blau bei. Dies wird vermieden, wenn Sie zuerst die Stelle mit Weiss eindecken und dann die Siena darüber »lasieren«, d. h. unvermischt mit Weiss darüber bringen.

In diesen Verhältnissen liegt ein ausgezeichnetes Mittel, um leichter und vollkommener gewisse natürliche Erscheinungen nachzubilden. Das Blau der Fernen lässt sich z. B. natürlicher durch Auflasieren von Weiss auf die Schatten hervorbringen, als durch eine verdünnte einfache Farbe gleichen Tones, und so wird man sich einer jeden Naturerscheinung gegenüber fragen, auf welche Weise sie *in der Wirklichkeit* optisch zu stande kommt, um ein entsprechendes Verfahren für die Wiedergabe zu wählen. Insbesondere bringt der durchscheinende Charakter der menschlichen Haut eine Menge derartiger »Farben trüber Mittel« zu wege, die auf gleiche Weise wiedergegeben werden können. Da indessen erst in der Öl-malerei diese Verfahren die leichteste und mannigfaltigste Ausfüh-rung gestatten, so wollen wir dort naher auf diese Dinge eingehen. Beim Aquarell machen sich nämlich die Änderungen beim Trock-nen gerade am meisten an den schwachen Lasuren von Deckfarbe geltend, so dass es äusserst schwer ist, den schliesslichen Effekt eines solchen Auftrages genau vorauszubestimmen.

Hierdurch sind wir denn auch naturgemäss auf die Wasserfar-bentechnik mit Deckfarben oder die Guasche-Technik gekommen. Für die Kennzeichnung der optischen Eigentümlichkeiten der Gua-sche ist fast dasselbe zu sagen, was über Pastell gesagt worden ist, da die Aufhellung der Farbstoffe hier wie dort durch Beimischung von Weiss hervorgebracht wird. Nur dient in diesem Falle nicht Kreide, sondern ein Stoff mit viel grösserem Brechungskoeffizien-ten, das Permanentweiss (Baryumsulfat) oder das Zinkweiss (Zin-koxyd). Es ist dies erforderlich, da beim Auftrag die Farbe nass, d. h. mit überschüssigem Wasser vermischt ist, und deshalb dunkler und weniger deckend aussieht, als sie nach dem Trocknen, d. h. dem Fortgehen des Wassers, erscheint. Da es für den ausführenden Künstler sehr unbequem ist, wenn die Farbe wesentlich anders auftrocknet, als sie aufgetragen wurde, so sorgt man durch Anwen-dung des stärker brechenden Weiss und durch Zusatz genügender Mengen Bindemittel dafür, dass der daher rührende Unterschied möglichst gering wird, doch gelangt man hierin keineswegs sehr weit.

Hierdurch entsteht allerdings gleichzeitig ein Problem, welches uns von jetzt ab durch die weiteren Verfahren begleiten wird. Das Bindemittel bildet mit dem reichlich aufgetragenen Farbstoff nach dem Trocknen einen festen Körper, der in Gestalt einer verschieden dicken und unregelmässig begrenzten Platte auf dem Bildgrunde liegt. Hat nun diese Platte in ihrem Verhalten gegen Wechsel der Temperatur und der Feuchtigkeit wesentlich andere Eigenschaften als der Bildträger, so beginnt die Gefahr aufzutreten, dass sich der Bildstoff vom Träger ablöst und in kleinen oder grösseren Stücken abfällt. Dies geschieht dadurch, dass die Ausdehnung durch die genannten Einflüsse verschieden stark wirkt, so dass Bildstoff und

Unterlage, die bei gegebenen Verhältnissen gleich gross waren, bei anderen Verhältnissen verschiedene Grösse annehmen.

Ist eines von beiden, der Bildstoff oder die Unterlage, *nachgiebig*, so wird eine derartige Verschiedenheit nicht viel schaden, denn das eine zwingt dem anderen seine Bewegungen auf. Erst wenn beide hart und widerstandsfähig sind, treten die Schiebungen und Zerrungen ein, die zunächst zu Sprüngen, schliesslich zum Abblättern führen. Beim Pastell, auch dem fixierten, ist jedenfalls der Bildstoff so weich und nachgiebig, dass von einem Reissen oder Abblättern überhaupt nicht die Rede sein kann. Dagegen kann die Guaschefarbe bei starkem Auftrage ganz wohl eine hornige oder steinige Masse von erheblicher Härte bilden. Hier sichert man sich gegen eine mögliche Trennung durch Benutzung eines Papiers mit rauher Oberfläche, zwischen dessen Fasern die Farbstoffmasse eindringt, und von denen sie auf die Dauer festgehalten wird. Auf glattem, hartem Stoffe, wie Pergament, hergestellte Guaschebilder bieten keine Gewähr für eine unveränderte Dauer, um so weniger, je dicker der Farbauftrag ist. Auch dieser Umstand wird uns später immer wieder begegnen; es gibt keine Manier, die mehr selbstmörderisch wäre als die pastose Malerei.

IX. Das Fresko. Seine mangelhafte Haltbarkeit. Chemische Vorgänge dabei. Störungen durch die Unterlage. Abhilfe. Chemischer Einfluss des Kalkes auf die Farben. Helles Auftrocknen. Stückweises Arbeiten. Böcklins Unfälle beim Fresko. Verwerfung dieser Technik

Lieber Freund!

Das Fresko, »die edelste Technik«, wie Sie sie nennen, habe ich nicht vergessen; sie gehört in der systematischen Reihe an diese Stelle, denn es handelt sich um eine Wasserfarbe mit einem besonderen Bindemittel. Warum Sie dies Verfahren mit dem auszeichnenden Beiwort versehen, habe ich um so weniger verstehen können, als Sie hinzufugen, dass Sie, wie die meisten heutigen Maler, keine Gelegenheit gehabt haben, das Verfahren kennen zu lernen und anzuwenden. Wenn Sie den Zustand der Fresken am Berliner Museum oder an der Neuen Pinakothek in München betrachten, so werden die fast überall unerkennbar gewordenen Ruinen der nur einige Jahrzehnte alten Werke schwerlich eine überzeugende Sprache zu Gunsten des Fresko reden. Wie sich das auch unter günstigeren Witterungsverhältnissen als im mittleren Europa verhalten mag: bei uns hat sich diese Technik als ganz unzuverlässig erwiesen, was die *Dauer* der erzielten Werke anlangt. Und welchen *sachlichen Beschränkungen* dies Verfahren unterworfen ist, wird sich bei der Betrachtung der Einzelheiten ergeben.

Im Fresko wird eine besondere Art von Wasserfarbe angewendet. Hier wird die Malerei auf einer frisch hergestellten, nassen Kalkwand ausgeführt, wobei die Farbe selbst mit Kalk gemischt wird. In dem angewendeten Wasser löst sich etwas Kalk (? Prozent) auf, welcher beim Trocknen zurückbleibt, indem er gleichzeitig durch die Kohlensäure der Luft in Calciumcarbonat übergeht. Da das Festwerden des Mörtels auf dem gleichen Vorgange beruht, so ist ein guter Zusammenhang des Bildes mit seiner Unterlage gesichert. Denn da das Bindemittel aus demselben Stoffe besteht wie die Unterlage, erfahren beide durch die Änderung der äusseren Umstände gleiche Beeinflussungen und eine Hauptursache des Abblätterns fällt fort.

Allerdings ist das Bild noch allen Störungen ausgesetzt, welche seine Unterlage, das Mauerwerk erfahren kann. Das bedenklichste ist das Auskristallisieren gelöster Stoffe an der Oberfläche. Wenn nämlich irgend welche löslichen Stoffe entweder in der Mauer von vornherein vorhanden sind oder im Laufe der Zeit hineingelangen, so scheiden sie sich schliesslich unvermeidlich an der Oberflache aus. Denn wenn durch den Einfluss der wechselnden Witterung, ganz abgesehen von direktem Nasswerden durch Regen oder dergleichen, die Mauer abwechselnd nass und trocken wird, so geht folgendes vor sich. Die Feuchtigkeit der nassen Mauer löst den vorhandenen löslichen Stoff bis zur Sättigung auf. Beim Trocknen verdunstet notwendig das an der Oberfläche, am Bilde, befindliche Wasser und hinterlässt zunächst die entsprechende Menge des gelösten Stoffes an dieser Oberfläche. Dann aber zieht sich die im Innern vorhandene Feuchtigkeit vermöge der Oberflächenspannung (Kapillarität) gleichfalls nach der Oberfläche, um dort das gleiche Schicksal zu erfahren. So wird zunächst der gelöst gewesene Stoff in die Oberflache transportiert. Wiederholt sich der Vorgang, so geht schliesslich alle überhaupt in Wasser lösliche Substanz in die Oberfläche und das Bild wird mit ihren Ausscheidungen bedeckt.

In die Mauer kann der lösliche Stoff auf zweierlei Art kommen. Einmal mit dem Material der Mauer, hauptsächlich mit den Steinen, weniger mit dem Mörtel. Das Mittel dagegen ist, nur solches Material zu verwenden, welches auf natürlichem oder künstlichem Wege durch lange Anwendung vielfach gewechselten möglichst reinen Wassers seine löslichen Bestandteile vollständig verloren hat. Ebenso muss man sich hüten, mit dem verwendeten Wasser, dem Mörtel, den Farben lösliche Stoffe in das Bild einzuführen.

Ein anderer Weg, auf dem lösliche Stoffe in die Mauer gelangen können, ist die Diffusion aus der Bodenfeuchtigkeit. Diese enthält immer gelöste Stoffe aus dem Material des Bodens, und wenn sie sich in die Mauer verbreiten kann und oben die geschilderte Verdunstung erfährt, so sind wieder die Voraussetzungen für die Entstehung zerstörender Ausscheidungen gegeben. Das Mittel dagegen ist wohlbekannt: es ist die Anbringung einer wasserdichten Isolierschicht zwischen dem unteren und dem oberen Teil der Mauer, welche das kapillare Ansteigen der Bodenfeuchtigkeit verhindert.

Neben diesen Gefahren, welche die Lebensdauer eines Freskobildes bedrohen, ist noch die energische chemische Wirkung zu erwähnen, welche dem als Bindemittel angewendeten Kalk eigen ist. Kalk ist ein stark basischer Stoff, welcher auf viele, namentlich organische Stoffe zerstörend einwirkt. Insbesondere wird die Oxydationsfähigkeit organischer Farbstoffe mittels des Luftsauerstoffs durch den Kalk oft gesteigert. Ferner übt er vielfach eine zerlegende Wirkung auf salzartige Verbindungen aus: Preussisch-Blau wird durch Kalk augenblicklich unter Abscheidung von Eisenoxyd und Bildung von Calciumferrocyanat entfärbt. So sind fast nur die Ocker- und Erdfarben neben Ultramarin und einigen wenigen anderen Stoffen für diese Technik verwendbar.

Die Freskofarben werden nass aufgetragen und sollen hernach im trockenen Zustande ihre Wirkung üben. Da wegen der geringen Löslichkeit des Kalkes nur wenig Bindemittel zwischen den Körnern des Farbstoffes verbleibt, befindet sich in dem trockenen Bilde vorwiegend Luft zwischen diesen, und es wird das Maximum an Deckung und zurückgeworfenem Licht gemäss den früheren Darlegungen erreicht. In diesem Zustande ist die Farbe aber nicht während des Auftrages; da befindet sich Wasser zwischen den Körnern, die Reflexion ist gering und die neben dem weissen Aufhellungsmittel (kohlensaurer Kalk und Kalk) vorhandenen Farben wirken viel dunkler und farbiger als nach dem Trocknen. Daher entsteht eine grosse Schwierigkeit, da man nicht entsprechend dem augenblicklichen Aussehen malen darf, *sondern die spätere Wirkung des trockenen Bildes vorausnehmen muss.* Diese Schwierigkeit ist um so erheblicher, als eine Änderung oder Korrektur des einmal getrockneten Bildes nahezu völlig ausgeschlossen ist. Denn die auf das trockene Bild gebrachte Kalkfarbe verbindet sich nicht mehr fest genug mit dem Untergrunde, dessen Oberfläche bereits ganz in Calciumcarbonat übergegangen ist. Man ist daher auf die Benützung anderer Arten der Technik für nachträgliche Änderungen und Ausführung an dem in aller Eile hingestrichenen Bilde angewiesen, und dass die zeitlichen Veränderungen in Ton und Farbe an diesen Zusätzen andere sein müssen als an den Freskofarben, bedarf keiner besonderen Darlegung. Infolgedessen ist eine noch so vorsichtige Ausgleichung der »Retuschen« doch eine vergebliche Arbeit: binnen kurz oder lang treten sie unweigerlich zu Tage und erfordern neue Retuschen und so fort in infinitum.

Ich bin somit der Meinung, dass die Vernachlässigung der Freskotechnik nicht etwa das Zeichen eines kläglichen Niederganges der heutigen Kunst ist, sondern man hat das Fresko aufgegeben aus demselben Grunde, aus dem man die Postkutsche aufgegeben hat: weil zweckmässigere Verfahren es verdrängt haben. Dies bezieht sich sowohl auf die künstlerische Frage wie auf die der Dauerhaftigkeit.

Was insbesondere die künstlerischen Nachteile anlangt, so liegen sie in der Notwendigkeit des *stückweisen* Arbeitens, in der Beschränkung der Palette und endlich in der starken Veränderung der aufgetragenen Farben beim Auftrocknen. Das stückweise Arbeiten mochte am Platze sein zu einer Zeit, wo die Probleme der Lichtführung und der Farbenstimmung noch gar nicht gestellt waren und der Künstler sich nach dieser Richtung darauf beschränken konnte, schönfarbige Einzelheiten nach den Regeln der wohlgefälligen Gesamtwirkung zusammenzustellen. Von einem Hinarbeiten auf grosse und geschlossene Lichtwirkungen kann aber bei einer solchen Arbeitsweise nicht die Rede sein, und so sehen wir denn auch, wie zu der Zeit, wo solche Aufgaben die Künstler zu beschäftigen beginnen, alles sich vom Fresko ab- und der in dieser Beziehung unverhältnismässig ausgiebigeren Ölfarbe zuwendet. Das gleiche gilt für die anderen Seiten der Frage, die Beschränkung der Palette und das helle Auftrocknen. Man braucht nur die Schilderungen von Schick über seine gemeinsamen Erlebnisse mit Böcklin bei Gelegenheit von dessen Freskoarbeiten in Basel[2] nachzulesen, um zu erfahren, was es mit der Freskotechnik auf sich hat. »Das Auftrocknen des ersten Bildes ist ganz unberechenbar vor sich gegangen. Die Luft, die Cypressen und anderen Bäume kamen so, wie Böcklin sie erwartet hatte. Die Schattenseite des Hauses aber viel zu hell, weil er in den Schatten viel mit Kalk gemischte Töne gebraucht hatte. Die Wiese ist viel zu hell und weisslich geworden, weil Böcklin zu

2 R. Schick: Tagebuch-Aufzeichnungen« über A. Böcklin. 2. Aufl. S. 160. Berlin, F. Fontane 1902.

sehr auf den dunkelgrauen Grundton des Bildes gerechnet hatte, der nun viel weisslicher aufgetrocknet ist, als er geglaubt. So stehen jetzt die vorher hellgelb-grünen Flecke, wo der niedrige Rasen zwischen den höheren Pflanzen sichtbar war, als dunkelgrüne Flecke auf einem weisslichgrauen Grund usw. ... Auf dem vorderen Grase sind auch viele Veränderungen vor sich gegangen. Die auf den grünen Mittelton des Grases aufgesetzten hellgrünen Striche sind jetzt gar nicht mehr zu sehen und bilden mit dem Mittelton eine unmodellierte Farbenfläche. Die tiefgrauen Mitteltöne (zu denen der Grundton benützt wurde) sind ganz blass aufgetrocknet und die darauf gemalten hellgrünen Halme sind dunkler als der Grund; die blauen Blumen (Smalte und Morellensalz) dunkler als Chromgrün, ebenso die hellgelben Blumen (Goldocker) fast eben so dunkel als das grüne Gras.«

Sie werden vielleicht einwenden, dass dies nur von den ungenügenden Erfahrungen Böcklins in der Freskotechnik herrührt und dass ein Künstler, der viel darin gemalt hat, derartige Versehen nicht mehr machen wird. Dies ist richtig, aber ebenso richtig ist, dass auch der erfahrene Künstler seine beabsichtigten Wirkungen nur *ungefähr* vorausberechnen kann und daher in seinem Schlussergebnis vom Zufall abhängig bleibt. Er wird sich daher notwendig auf einen bestimmten Umfang von Ausdrucksmitteln beschränken müssen und wird diesen Kreis auch kaum erweitern können, denn neue Versuche verbieten sich durch die Unmöglichkeit der nachträglichen Änderung. Ich fasse daher mein Urteil über die Freskotechnik kurz dahin zusammen, dass sie in keiner Weise Pflege oder Erneuerung verdient, sondern wegen ihrer weitgehenden Unvollkommenheiten aufzugeben ist.

X. Versuchte Rettung des Fresko: Stil. Besteht hier in einer unfreiwilligen Beschränkung. Tempera. Geheimmittel in der Malerei und Warnung davor. Unberechtigte Überschätzung der alten Rezepte. Malerische Alchemie. Künftige Entwicklung der Technik. Ölmalerei, ihre Vorzüge. Bindemittel und deren Trocknen. Einfluss des Luftsauerstoffs. Deck- und Lasurfarben in der Öltechnik. Vorzüge und Nachteile der Öltechnik. Änderung des Bindemittels

Lieber Freund!

Auf Ihre Bemühungen, der Freskotechnik ihr traditionelles Ansehen zu wahren, wäre vielerlei zu erwidern, doch werden wir dies wohl besser auf unsere nächste Zusammenkunft verschieben, wo Rede und Gegenrede schneller aufeinander folgen. Denn um eine fruchtbare Verhandlung zu führen, müssen wir uns zuerst über irgendwelche gemeinsame Ausgangspunkte klar geworden sein, von denen aus wir die weitere Verständigung suchen können. Nur auf eine Ihrer Bemerkungen lassen Sie mich eingehen; Sie sagen, keine andere Technik hatte einen so grossen *Stil* wie das Fresko, und daher sei es das geeignetste Verfahren für monumentale Malerei.

Wir hatten ähnliche Fragen bei einem früheren Anlass berührt und ich hatte Ihnen bereits damals nicht verhehlt, dass ich mir bei diesen Worten nichts Bestimmtes denken konnte, worauf Sie wieder replizierten, jeder Maler wisse, was damit gemeint sei. Ich muss also versuchen, den jedenfalls vorhandenen Sinn des Wortes selbst herauszubekommen. Am besten denke ich Ihre Meinung zu treffen, wenn ich den Ton auf die Tatsache lege, dass die Ausübung der Technik nicht jede beliebige Ausdrucksweise ermöglicht, sondern nur begrenzte Arten; so wird man zweifellos Sonnenuntergange und ähnliche farben- und lichtreiche Naturerscheinungen nicht in Fresko darstellen wollen. Sind durch die Aufgabe selbst derartige Probleme gegeben, so wird man sich bei ihrer Ausführung auf Andeutungen beschränken und eine »naturalistische« Ausführung vermeiden, weil sie unzulänglich bleiben müsste. Hierdurch behält das Produkt etwas Abstraktes, denn da es sich nicht um eine grosse Annäherung an die Naturerscheinung handeln kann, so muss der Künstler seine Wirkung in der Zeichnung und in dem gedanklichen Inhalt des Dargestellten suchen. Ich hoffe, mit dieser Schilderung das Wesentliche getroffen zu haben, wenn Sie auch vermutlich ein wenig den gehobenen Ton vermisst haben, in welchem sonst derartige Fragen abgehandelt zu werden pflegen. Nun werden Sie mir aber auch zugeben, dass man sich ähnliche Beschränkungen in jeder anderen Technik auferlegen kann , *indem man die Palette, d. h. die Zahl und den Umfang der anzuwendenden Farben, entsprechend einschränkt.* Man kann also in jeder anderen Technik in ähnlichem Stil malen, wie er durch die Natur des Fresko gegeben ist: nur kann man in den anderen Techniken ausserdem Aufgaben bewältigen, denen gegenüber Fresko versagt. Es liegt bei diesem also nur eine Beschränkung vor, die dem Künstler *zwangsweise* auferlegt wird, während er sie sich nötigenfalls *freiwillig* auferlegen könnte. In einer solchen Eigenschaft kann ich keinen Vorzug, sondern nur einen Nachteil sehen.

Damit wollen wir das Fresko vorläufig beiseite lassen und uns den noch übrigen Arten der malerischen Technik zuwenden. Es sind hauptsächlich zwei, die Ölfarbe und die Tempera.

Zur Einhaltung einer strengen Systematik wäre es hier nötig, zunächst die *Tempera* vorzunehmen, weil das, was man jetzt darunter versteht, auch auf die Anwendung des Wassers zur Verdünnung der Farbe herauskommt, also auch eine *Aquarelltechnik* im weiteren Sinne ist. Dies empfiehlt sich aber deswegen nicht, weil es gegenwärtig einen ganz bestimmten Begriff der Tempera nicht gibt. Vielmehr stehen wir hier auf dem Boden einer Alchemie, einer geheimen Rezeptenkunst, an welcher die Fortschritte der heutigen Wissenschaft anscheinend ganz einflusslos vorüber gegangen sind. Aus den alten Malbüchern werden halbverstandene Anweisungen herübergenommen, nach eigenem Gutdünken verbessert und dann von dem glücklichen Erfinder als grosse Geheimnisse auf das ängstlichste gehütet. Von Zeit zu Zeit tritt ein derartiges neues Malverfahren mit grossem Geräusch an die Öffentlichkeit; Erfinder und Fabrikanten rühmen ihm eine unerreichte Leuchtkraft und ein unvergleichliches Feuer der Farbe nach, verschweigen aber sorgfältig, woraus das Bindemittel der neuen Farben besteht. Man kann es nicht oft genug wiederholen, dass die Anwendung derartiger Farben für den Maler ungefähr dasselbe bedeutet, wie eine Kapitalanlage in südamerikanischen Staatspapieren für einen Familienvater. Es kann ja sein, dass die Sache etwas taugt, aber die Wahrscheinlichkeit spricht nicht dafür, und ehe man ihm genau sagt, *was* man ihm in die Hand gibt, sollte kein Maler, der es mit seiner Kunst ernst nimmt und der seinem Käufer oder Auftraggeber gegenüber etwas wie Verantwortlichkeit empfindet, solche Sachen anwenden. Die Beispiele, wo durch die Anwendung von derartigen Geheimmitteln hochbezahlte Kunstwerke bereits nach wenigen Jahrzehnten, ja Jahren so weitgehende chemische und mechanische Veränderungen erlitten haben, dass ihr Wert auf einen geringen Bruchteil herabgegangen ist, sind leider so zahlreich, dass man sie nicht einmal anzuführen braucht. Gewöhnlich wird hiergegen von den Betroffenen wieder ein neues Geheimmittel angewendet und durch Quacksalberei das Übel schliesslich nur noch ärger gemacht. Auch versäumt man dann meistens nicht, darauf hinzuweisen, dass die alten Rezepte der grossen vlämischen und niederdeutschen Künstler, deren Bilder nach bald einem halben Jahrtausend noch glänzend und farbenfrisch erscheinen, durch Verlöschen der Tradition verschwunden seien, und dass daher heute keine Hoffnung bestehe, das gleiche zu erreichen. Demgegenüber muss auf das schärfste betont werden, dass auf Grund unserer heutigen wissenschaftlichen Kenntnisse eine mindestens ebenso sichere Beherrschung des Materials möglich ist, und dass man Bilder herstellen kann, die mit wissenschaftlicher Wahrscheinlichkeit eine gleiche Dauer gewährleisten. Aber derartige Resultate erzielt man nicht nach der Methode des Alchemisten, der »nach unendlichen Rezepten das Widrige zusammengoss«, sondern durch klare Fragestellung, auf welche die Wissenschaft immer noch auch klare Antwort zu geben gewusst hat, wenn auch nicht immer von heute auf morgen.

So; damit habe ich meinem Herzen zunächst Luft gemacht. Es tut mir in der Seele weh, wenn ich z. B. in den Aufzeichnungen über Böcklin mich überzeugen muss, welche unendliche Zeit dieser grosse Mann mit unnützen und richtungslosen Versuchen verdorben hat, die ihm ein nicht eben grosser Betrag von chemischer und physikalischer Kenntnis erspart hätte. Natürlich kann auch der kenntnisreichste Naturforscher nicht alles vorauswissen. Aber ein solcher *versteht zu experimentieren*; dies ist eine ebenso schwere Kunst wie das Malen. Denn es kommt nicht nur darauf an, etwa alte Rezepte nachzumischen und zu probieren, ob sie etwas taugen, sondern man muss sich von der Wirkungsweise jedes Stoffes, der erfahrungsmässig brauchbare Resultate gibt, ein klares Bild machen, und dann die Ansätze so variieren und durcharbeiten, dass der angestrebte Zweck am vollständigsten erreicht wird. Hierbei handelt es sich meist um ein Kompromiss zwischen verschiedenen, sich teilweise widersprechenden Forderungen; in unserem Falle sind es vorwiegend die beiden Fragen der *optischen Ausgiebigkeit* und der *Dauerhaftigkeit*. Die eine Forderung zu befriedigen, ohne gegen die andere zu verstossen, ist eine Aufgabe, die nur durch systematische, nach den Regeln der Wissenschaft streng durchgeführte Arbeit gelöst werden kann. Die Technik der Malerei muss hier eine Entwicklung durchmachen, wie sie die Medizin durchgemacht hat, denn sie steckt ihrerseits noch ganz und gar in der Epoche der Geheimmittel und des absurdesten Aberglaubens. Diese Entwicklung zu beschleunigen, ist eine Aufgabe, für die sich wohl ein Mann erwärmen mag.

Bekanntlich werden heutzutage fast alle Bilder mittels *Ölfarben* hergestellt. Ölfarben im heutigen Sinne sind allgemein erst seit der sogenannten grossen Zeit der italienischen Malerei, die durch die Namen Lionardo, Raffael und Tizian gekennzeichnet ist, zur Anwendung gekommen. Was die Technik der als Erfinder der Ölmalerei geltenden Vlamen, der Brüder van Eyk, gewesen ist, weiss man heute noch nicht mit Sicherheit; dass es nicht die heutige Ölmalerei gewesen ist, ergibt sich aus dem sehr bedeutenden Unterschiede ihrer Erhaltung gegenüber der der unzweifelhaften Ölbilder aus etwas späterer Zeit. Die Annahme von Ernst Berger, dass die vlämische Technik Öltempera gewesen sei, hat manches für sich, kann aber hier nicht eingehend erörtert werden. Jedenfalls stehen wir vor der Erscheinung, dass die reine Öltechnik gegenüber jenen ausgezeichneten Kunstwerken sehr schnell Boden gewonnen und die anderen Verfahren fast vollkommen verdrängt hat.

Die Ursache hierfür liegt in zwei Umstanden. Einmal gestattet die Öltechnik, die beiden Prinzipien des Farbauftrages, die *Deckung* und die *Lasur*, neben- und übereinander gleichzeitig anzuwenden, und gewährt somit dem Künstler einen grösseren Umfang von Ausdrucksmitteln als eine der vorbesprochenen Methoden. Ferner hat *die Ölfarbe während des Malens jederzeit das gleiche Aussehen, welches sie auch nach dem Festwerden behält;* der Künstler kann also seine Wirkungen so genau abstimmen, wie er will, und ist keinen unvorhergesehenen Wandlungen seines Werkes ausgesetzt. Allerdings ist dieser letzte Vorteil ein trügerischer, denn wenn sich die Ölfarbe auch nicht in Wochen und Monaten im Tone verändert, so tut sie dies doch sicher in Jahrzehnten und Jahrhunderten. Der wohlbekannte warmbraune Ton der alten Ölbilder ist ein Zeugnis dafür; er beruht nicht auf ursprünglicher Farbbeschaffenheit, sondern auf der Änderung, welche das als Bindemittel benützte Öl im Laufe der Zeit erlitten hat.

Doch hierauf wollen wir erst später ein wenig näher eingehen; zunächst betrachten wir die chemischen und optischen Eigenschaften der Ölfarbe.

Das Bindemittel dieser Farben ist Lein-, Nuss- oder Mohnöl, kurz ein »trocknendes« Öl. Unter einem solchen versteht man ein Öl, das an der Luft in eine harzartige, feste Masse übergeht. Dass dies alle Öle nicht tun, kann jeder am Oliven- oder Speiseöl sehen, das durch langes Stehen an der Luft zwar ranzig, d. h. übelschmeckend wird, aber nicht fest. Was beim Festwerden stattfindet, ist im wesentlichen ein *Oxydationsvorgang*, d. h. das Öl nimmt aus der Luft einen von deren Bestandteilen, den *Sauerstoff*, auf und verbindet sich mit diesem zu jener festen Masse. Daher trocknen die Ölfarben nur auf dem Bilde oder auf der Palette, nicht aber in der Tube, denn in dieser sind sie gegen den Zutritt des Luftsauerstoffs geschützt.

Bei dieser Umwandlung geht das Öl in eine nahezu gleiche Menge des harzartigen Produktes über. Das ist zwar nicht ganz genau, denn das Volum des Produktes ist, namentlich nach langer Oxydation, ein wenig kleiner als das des Öls; dies kommt aber erst später in Frage. Hierdurch ist nun der optische Charakter der Ölfarbe gegeben. Während bei den verschiedenen Arten der Wasserfarbe der Hauptbestandteil des Bindemittels, das Wasser, ohne Rest verdunstet, und deshalb die Farbe als eine wesentlich aus dem Farbstoff bestehende, einigermassen poröse Masse hinterlässt, so bleibt das

Öl seinem Raume nach erhalten, und die festgewordene Farbe ist nicht porös, sondern besteht aus dem durchsichtigen Harz des festgewordenen Öls, in welches die Farbstoffkörperchen eingelagert sind.

Optisch ergibt sich hieraus das Folgende. Haben die Farbstoffkörnchen eine *grosse* Lichtbrechung, so wird die Gesamtmasse *deckende* Eigenschaften haben, da die Lichtbrechung des Öls, obwohl grosser als die des Wassers, doch hinter jener der Farbstoffe zurücksteht. Es hat nämlich Wasser 1.33, Öl 1.48, Bleiweiss aber 2.00. Immerhin wird es hier doch unter sonst gleichen Umständen eines bedeutend dickeren Farbauftrages bedürfen, um mit etwas weniger brechenden Farbstoffen die gleiche Deckung zu erzielen, wie sie etwa bei Guasche erreicht wird, und so bietet sich für die Ölmalerei der starke »pastose« Auftrag in vielen Fallen mit einer gewissen Notwendigkeit an. Doch muss betont werden, dass diese Notwendigkeit ein *Übel* ist und dass ein Ölbild um so sicherer im Laufe der Zeit zu Grunde geht, je pastoser es gemalt ist. Ich will nicht leugnen, dass mir diese Voraussicht manchmal bei der Besichtigung von Ausstellungen einen gewissen Trost gewährt.

Hat der mit Öl angeriebene Farbstoff dagegen *keine* grosse Lichtbrechung, so treten die in meinem vierten Briefe beschriebenen Erscheinungen ein. Das Licht findet wenig Hindernisse bei seinem Durchgange durch das Gemenge und dieses hat im wesentlichen die optischen Eigenschaften eines *farbigen Glases*. Damit eine derartige Farbe ihre Wirkungen tut, muss sie auf einen Untergrund getragen werden, der seinerseits das Licht zurückwirft, ganz wie das beim Aquarell im engeren Sinne der Fall ist. Derartige Farben nennt man *Lasurfarben*. Man kann sie in Deckfarben verwandeln, wenn man sie mit deckendem Weiss mischt. Da aber hierbei ein Teil des Weiss als trübe Schicht vor dem dunklen Farbstoff sich betätigt, so werden alle derartigen Farben durch Mischung mit Weiss nach der blauen Seite umgestimmt. Dies ist namentlich beim Rot auffallend: Krapp als Lasur wirkt unvergleichlich wärmer, als mit Weiss gemischt, wo er ins Violett zieht.

Durch diese Einbettung der Farbkörper in ein Mittel von verhältnismässig hoher Brechung ist nun in erster Linie eine bedeutende Verminderung des weissen oder grauen Oberflächenlichtes erreichbar, und es gelingt daher, die Wirkung des Bildes in beliebigem Masse durch farbreiches *Tiefenlicht* zu bestimmen. Hierauf beruht insbesondere die ungemein farbige Wirkung jener altvlämischen Bilder, die, wie sie auch gemalt sein mögen, bezüglich ihrer optischen Eigenschaften den Ölbildern zugerechnet werden müssen. In der heutigen Technik werden diese Wirkungen allerdings meist verschmäht; teils mögen sie den Künstlern nicht genügend bekannt sein, teils erfordert ihre Anwendung ein umständlicheres Verfahren als das flotte Heruntermalen mit fertig gemischten Tönen.

Ein zweiter Erfolg der Einbettung ist die *mechanische Widerstandsfähigkeit* der Farbschicht. Ölbilder können ohne schützendes Glas aufgehängt werden und man kann sie von angesetztem Staub und Schmutz durch Abwaschen reinigen. Dieser Vorzug ist indessen nicht ganz zweifellos; war er wichtig zu einer Zeit, wo die Herstellung hinreichend grosser und ebener Glasplatten nicht ausführbar war, so fällt er heute nicht ins Gewicht, wo auch für sehr grosse Gemälde Spiegelglasscheiben zu Preisen erhältlich sind, die weit unter denen der Kunstwerke selbst liegen. Ohne Glasschutz aber ist das Ölbild sowohl den schnellwirkenden Unbilden der Nachlässigkeit oder des Vandalismus wie den langsam wirkenden der Luftverunreinigungen, insbesondere dem Russ und der schwefligen Säure der modernen Städte ausgesetzt. Demgemäss schreiten die Museumsverwaltungen immer mehr und mehr dazu, auch die Ölbilder hinter Glas zu setzen (wogegen vom Standpunkte der künstlerischen Wirkung gar nichts zu sagen ist), und damit wird jener mechanische Vorzug der Ölbilder einigermassen zwecklos.

Denn diesen Vorzügen gegenüber stehen sehr erhebliche Nachteile. Da das Bindemittel einen entscheidenden Anteil an der optischen Wirkung des Gemäldes hat, so wird jede Änderung des ersten auch die letztere ändern. Nun ist das harzartige Oxydationsprodukt der trocknenden Öle durchaus kein unveränderlicher Stoff; der Oxydationsvorgang bleibt nicht stehen, sondern schreitet langsam fort, wobei das Harz braun wird und an Volum mehr und mehr verliert. Demgemäss ist ein jedes Ölbild in fortwährender Veränderung begriffen. Diese Veränderung hat eine verschiedene Geschwindigkeit je nach der Natur der Farbstoffe, die dem Öl beigemischt sind. Daraus ergeben sich denn die zahllosen Krankheiten der Ölbilder, durch welche ein besonderer Stand von Heilkundigen für diese

Patienten, die Restauratoren, erstanden ist. Doch dies ist eine so weitschichtige Sache, dass ich für diesmal Schluss machen muss.

XI. Die Bedingungen der Dauerhaftigkeit bei Öl-bildern. Abschluss des Sauerstoffs von vorn und hinten. Schollenbildung; ihre Ursache und Vermei-dung. Verbesserung der Malgründe. Trennung der mechanischen und optischen Wirkungen. Verschie-dene mögliche Methoden

Lieber Freund!

Sie beklagen sich, dass ich Ihnen allmählich alle Malverfahren durch meine wissenschaftlichen Warnungen schlecht mache, so dass Sie sich schliesslich gar nicht getrauen würden, irgend ein Bild dem Käufer zu übergeben. Das ist eine Empfindung, die der anfangende Physiker auch zu haben pflegt, wenn er auf die zahllosen Fehlermöglichkeiten bei seinen Messungen aufmerksam gemacht wird und nun verzweifelnd ausruft, dass es ja überhaupt keine genauen Messungen gebe. Das ist ganz richtig; absolut genau ist keine Messung und absolut dauerhaft kein Bild. Aber die Genauigkeit kann wie die Dauerhaftigkeit verschiedene Grade haben, und eine rationelle Kenntnis der Bedingungen führt eben dazu, das unter den vorhandenen Umstanden dauerhafteste Kunstwerk herzustellen.

So will ich alsbald betonen, dass man auch mit Ölfarben recht dauerhafte Bilder machen kann, wenn man nur die Bedingungen einhält, die für deren Erhaltung die günstigsten sind. Diese Bedingungen sind von zweierlei Natur: einmal muss man dem Bilde die grösste Unveränderlichkeit oder vielmehr die geringste Veränderlichkeit zu sichern suchen, zweitens muss man das Bild darauf einrichten, dass die unvermeidlichen Veränderungen ohne das Kunstwerk zu gefährden rückgängig gemacht werden können.

Es handelt sich hierbei nur um die Veränderungen am Bindemittel, denn ich mache hier wie immer die Voraussetzung, dass der Maler nur dauerhafte Farbstoffe verwendet hat. Solche gibt es in hinreichender Mannigfaltigkeit und Schönheit; ich werde hierauf nicht wieder eingehen, zumal bei der Ölfarbe durch die Einbettung der Farbstoffkörnchen in die harzige Masse ein besonders wirksamer Schutz gegen die Einwirkungen der Luft und ihrer Verunreinigungen gegeben ist, so dass auch ein weniger beständiger Farbstoff in Öl an Beständigkeit erheblich gewinnt.

Nun wissen Sie bereits, dass das Festwerden der Ölfarbe auf einer Sauerstoffaufnahme beruht. Die späteren ungünstigen Veränderungen des Bildes beruhen auf der gleichen Ursache. Daraus ergibt sich, dass am *fertigen* Bilde der Zutritt der Luft möglichst beschränkt werden sollte. Wie erheblich dieser Umstand ist, lässt sich daran erkennen, dass solche Bildstellen auf Leinwand, die auf der Hinterseite durch den Holzrahmen gegen den unmittelbaren Luftzutritt geschützt sind, regelmässig eine bedeutend bessere Erhaltung aufweisen als die freien Stellen. Auch sind die ausgezeichnet erhaltenen altvlämischen Bilder auf Holz gemalt, wodurch der Luftzutritt zur Rückseite der Farben sehr erheblich gehemmt ist.

Von diesem Gesichtspunkte aus wird man in der üblichen Anwendung der Leinwand für Ölgemälde einen Fehler erblicken müssen, der die Lebensdauer der Kunstwerke etwa auf die Hälfte herabsetzt. Abhilfe ist indessen auf der eben gegebenen Grundlage leicht zu schaffen. Handelt es sich um ältere auf Leinwand gemalte Bilder, so wird es sich zunächst darum handeln, die *Hinterseite* gegen die Luft undurchlässig zu machen. Dies geschieht am einfachsten und besten dadurch, dass man Zinnfolie (Stanniol) mittels einer alkoholischen Schellacklösung aufklebt. Dieser Überzug lässt sich leicht wieder entfernen, wenn dies aus irgendwelchen Gründen erforderlich wird, und kann dem Bilde auf keine Weise schaden, namentlich wenn man auch die Aussenseite der Zinnfolie durch einen Firnisüberzug schützt. Durch diese Massnahme ist auch die Aufnahme von Feuchtigkeit durch die Leinwand, die eine der Ursachen des Reissens ist, auf Null gebracht.

Das gleiche Verfahren lässt sich auf neue Bilder anwenden. Nur wird es aus Gründen, die wir gleich erörtern wollen, ratlich sein, den Stanniolüberzug erst anzubringen, nachdem das Bild mindestens ein Jahr alt geworden ist.

Auf diese Weise ist zunächst der Sauerstoff auf der Hinterseite abgehalten. Auf der Vorderseite pflegt der Maler einen Firnis anzubringen, der neben anderen Funktionen auch diese ausübt. Gemäss dem, was im vorigen Briefe bemerkt worden ist, wird eine Einrahmung unter Glas noch bedeutend wirksamere Dienste leisten. Es ist nicht schwer, die Verglasung so sorgfältig herzustellen, dass nur ein Minimum von Luft eindringen kann, und damit sind die Bedingungen geschaffen, die eine vielfach grössere Lebensdauer des Bildes gewährleisten. Allerdings und dies auszusprechen gebietet die wissenschaftliche Vorsicht – liegen noch keine längeren Erfahrungen über etwaige andere Einwirkungen[3] einer derartigen Abschliessung auf die Bilder vor, und die eben aufgestellte Behauptung muss daher mit einem entsprechenden Vorbehalt versehen werden. Aber andrerseits wissen wir bereits genug über die Vorgänge im Ölbilde, um das angegebene Verfahren als das zur Zeit wissenschaftlich am besten begründete und daher aussichtsvollste anzusehen.

Das eben Gesagte bezieht sich auf solche Eigenschaften der Ölfarbe, die untrennbar mit ihr verbunden sind. Neben den daher rührenden Nachteilen hat aber diese Technik noch andere, welche von ungeeigneter Anwendung herrühren. Diese entstehen hauptsächlich durch das Übereinandermalen und den dicken Farbauftrag und zeigen sich darin, dass die Farbschicht ihren Zusammenhang verliert und in Schuppen oder Schollen auseinandergeht.

Die Ursachen hierzu sind mehrfach. Allgemein wird man sagen, dass eine derartige Trennung der Farbschicht dann eintreten wird, wenn Bildgrund und Farbschicht ihre Flächengrosse in verschiedenem Masse ändern. Und zwar werden solche Erscheinungen um so eher eintreten, je weniger nachgiebig beide sind.

Denken wir uns zunächst die Leinwand nur mittels einer Tränkung mit Leim gegen das Aufsaugen des Öls geschützt und auf diesen Grund mit so dünner Farbe gemalt, dass die einzelnen Teile der Schicht an den Fäden der Leinwand befestigt sind und nicht miteinander eine zusammenhängende Platte bilden. Dann ist eine Möglichkeit zur Schollenbildung nicht vorhanden, denn wenn auch die Leinwand etwa durch Feuchtwerden ihre Dimensionen ändern sollte (sie dehnt sich hierbei nicht wie Papier aus, sondern zieht sich im Gegenteil zusammen, um sich beim Trocknen wieder auszudehnen), so folgt eben jedes Stückchen Farbe dem Faden, an dem es festgetrocknet ist. Es ist ganz wohl möglich so zu malen, namentlich

---

[3] Die gelegentlich ausgesprochene Befürchtung, dass eingeschlossene Feuchtigkeit schaden könne, lässt sich dadurch beseitigen, dass man eben keine Feuchtigkeit einschliesst.

wenn man sich von dem traditionellen Vorurteil gegen gebleichte Leinwand frei macht und demgemäss einen weissen Grund verwendet. Ein solches Bild wird nur in minimalster Weise vom Dunkelwerden des Öls betroffen werden, da dieses nur einen kleinen Teil des Farbauftrages bildet und auch in mechanischer Beziehung gewährt es eine grosse Sicherheit für unveränderte Dauer. Sollte schliesslich zuviel von dem wenigen Öl durch Oxydation verschwunden sein, so kann man dieses leicht ersetzen und das Bild für eine neue Reihe von Jahrzehnten frisch machen.

Alle diese Verhältnisse ändern sich wesentlich, wenn man die Farbe in starken Schichten aufträgt. In solchen Fällen bildet sich das feste Produkt aus dem Öl zunächst nur an der Oberfläche, da die entstandene Schicht das unterliegende Öl gegen den Luftzutritt schützt. Wenn dann im Laufe der weiteren Oxydation die obere Schicht sich zusammenzieht, ist die unterste noch weich und zerreisst zu Schollen. Ähnliches tritt ein, wenn man auf eine halbgetrocknete Untermalung andere Farben bringt, die meist auch mit anderer Geschwindigkeit trocknen. Eine weitere Ursache zum Entstehen von Rissen ist eine zu dicke oder sonst ungeeignete Präparation der Leinwand. Diese wird gewöhnlich zuerst mit mehreren Schichten einer aus Leim und Kreide oder Ton gemischten Farbe überzogen, auf welche dann oft noch eine oder einige Schichten Ölfarbe kommen. Je dicker dieser Malgrund aufgebracht wird, und je verschiedener die übereinander liegenden Schichten sind, um so mehr Gefahr besteht für eine verschiedenartige Änderung der Ausdehnung, und somit für das Entstehen von Rissen.

Mir scheint, dass die allgemeine Anwendung der Leinwand für Ölbilder eines der vielen Vorurteile ist, unter denen die Kunst noch heute leidet. Zu einer Zeit, wo man grosse Bogen Papier oder Pappe nur durch Aneinanderkleben kleiner herzustellen wusste, waren die grossen Flächen der Leinwand willkommen. Gegenwärtig kann man Papier und Pappe fast in allen beliebigen Dimensionen erhalten, und da man jedes derartige Produkt durch einen Überzug von Leim oder Caseïn von passender Stärke in einen Malgrund verwandeln kann, der nach Belieben in jedem gewünschten Masse »schluckt« oder nicht, so liegt wirklich kein Grund vor, statt der Leinwand mit ihrem unbequemen Keilrahmen nicht lieber Pappe zu nehmen. Insbesondere kann man jede Pappe durch Aufkleben eines geeigneten Papiers mit jedem gewünschten Korn versehen, und erlangt so Malgründe, die allen Anforderungen entsprechen. Ja sogar Leinwand würde besser auf Pappe geleimt, statt auf den Keilrahmen gezogen, denn im ersten Falle verliert sie alsbald die böse Eigenschaft, mit der Feuchtigkeit ihre Flächengrösse stark zu ändern. Verfolgt man diesen Gedankengang weiter, so gelangt man schliesslich auf den Plan, als Unterlage zum Malen *Metall* in Blechform zu nehmen. Im *Aluminium* hat man ein ideales Material dazu, das durch sein geringes Gewicht auch bei sehr grossen Abmessungen handlich bleibt und dessen chemische Eigenschaften eine schädliche Wirkung auf das Bild ausschliessen. Ob man unmittelbar auf das mattgeätzte Metall malt oder besser zuerst einen Überzug von Papier oder Leinwand gibt, wird von den Umständen abhängen. Jedenfalls ermöglicht die Benützung der Metallfläche als Untergrund gewisse technische Effekte, die eines eingehenderen Studiums wert sind, als ich es bisher habe daran wenden können.

Kann man auf solche Weise dem Untergrunde eine beliebige Dauerhaftigkeit geben, so bleibt noch die Frage übrig, ob man den üblen Eigenschaften des Öls entgegenarbeiten kann. Auch diese Frage lässt sich bejahend beantworten. Der Wert des Öls als Bindemittel beruht darauf, dass beim Festwerden die optischen Verhältnisse im wesentlichen ungeändert bleiben und so der Maler im stande ist, seine Farb- und Lichtwirkungen auf das feinste abzustimmen. Nun würde man aber dasselbe erreichen, wenn man die *mechanische* Wirkung des Öls als Bindemittel von seiner *optischen* als durchsichtige und stark lichtbrechende Umgebung der Farbkörnchen trennte und beide Funktionen verschiedenen Stoffen zuwiese. Eine Lösung dieser Aufgabe bestände z. B. darin, dass man auf stark aufsaugendem Grunde arbeitet; dann geht der grössere Teil des Öls in diesen Grund und es bleibt zwischen Farbstoffkörnchen nur soviel zurück, als zu deren mechanischer Verbindung erforderlich ist. Die optische Folge davon ist, dass die Farben infolge des Eintretens von Luft zwischen die Körnchen »einschlagen«, d. h. viel mehr Licht von der Oberfläche zurückwerfen und das Bild sowohl an Tiefe wie an Farbigkeit verliert. Dadurch, dass man die Zwischenräume wieder mit einem stark brechenden Mittel ausfüllt, wird indessen die frühere Erscheinung hergestellt oder das Bild »herausgeholt«. Diese zweite Funktion aber könnte einem anderen

Stoffe übertragen werden, der nicht wie das Öl die Eigenschaft des Braunwerdens oder Nachdunkelns hat. Solche Stoffe sind die zu Firnissen verwendeten Harze wie Mastix, Dammar, Sandarak usw., und man bedient sich dieser Stoffe, wie bekannt, bereits vielfach für diesen Zweck. Allerdings sind auch sie dem Einflusse der Zeit unterworfen; sie werden aber nicht braun, sondern sie verlieren ihren Zusammenhang und werden »blind«, d. h. undurchsichtig. Wie dieser Fehler zu bessern ist, hat indessen seinerzeit der unvergessliche *Pettenkofer* gezeigt, der Mann, dem wir die erste erfolgreiche physikochemische Behandlung dieser Probleme verdanken. Ein kürzeres oder längeres Verweilen im Dampfe von Alkohol (oder einem anderen geeigneten flüchtigen Lösungsmittel der Harze) gibt dem blind gewordenen Überzug ohne jede Berührung des Bildes seine Durchsichtigkeit wieder.

Damit indessen ein solches Verfahren vollen Erfolg hat, muss der Firnis nicht früher aufgetragen werden, als nachdem das Öl ausreichend »getrocknet«, d. h. in die feste Form übergegangen ist. Man muss also das Bild nass fertig malen, dann längere Zeit (einige Monate) trocknen lassen, und dann endlich den Firnis darüber ziehen. Gibt man dann (etwa auf der Rückseite des Bildes) genau an, womit das Bild gemalt und gefirnisst worden ist, so ist für alle Zukunft die Möglichkeit vorhanden, die ursprünglich vom Künstler beabsichtigte und erreichte Wirkung wieder herzustellen.

Dies ist indessen nicht der einzige Weg zum Ziel. Man kann ebenso auf undurchlässigem Grunde mit einer Farbe malen, welche nur so viel Öl enthalt, als zur Bindung erforderlich ist, und im übrigen die erwünschte Dunnflüssigkeit der Farbe durch den Zusatz solcher Flüssigkeiten bewirken, die hernach verdampfen. Auch ein solches Bild wird einige Zeit nach dem Auftrag der Farbe einschlagen, weil der flüchtige Zusatz verdampft ist, und kann durch Firnis wieder herausgeholt werden. Als Verdünnungsmittel empfehlen sich die bisher üblichen, insbesondere Terpentinöl und Spiköl; letzteres ist viel weniger flüchtig und lässt also das Bild entsprechend langer »nass«.

Will man das eingeschlagene Bild zum Zwecke des Weitermalens wieder herausholen, so wendet man am besten ebendieselben flüchtigen Stoffe ohne weiteren Zusatz an, die man aber mit dem Zerstäuber und nicht mit dem Pinsel aufträgt. Man braucht nicht zu fürchten, dass zu wenig Bindemittel verbleibt, namentlich nicht, wenn bereits einiges Festwerden des Öls stattgefunden hatte. Äusserstenfalls macht es keine Schwierigkeit, ein Gemenge von Terpentinöl und wenig Mohnöl mit dem Zerstäuber aufzutragen und so jede beliebige nachträgliche Bindung zu erreichen.

In diesen Darlegungen wird der Künstler vielfach die Beschreibung bekannter Methoden erkennen. Durch die Angabe der Gründe indessen, welche zu diesem oder jenem Verfahren geführt haben, wird er gleichzeitig die Hilfsmittel finden, nicht nur das Erlernte oder Gefundene sachgemäss anzuwenden, sondern auch seine Mittel weiter zu entwickeln, ohne die Zukunft seiner Schöpfungen durch die Einhaltung ungeeigneter Verhältnisse zu gefährden.

XII. Das Trocknen der Ölfarbe und die katalytischen Einflüsse dabei. Nachwirkungen der Trockenmittel. Dünne Technik. Pastoses Malen

Lieber Freund!

Weshalb die verschiedenen Farben, wenn sie auch mit dem gleichen Öl angerieben werden, so verschieden schnell trocknen, fragen Sie. Da die Antwort uns gerade in eines der interessantesten Kapitel der physikalischen Chemie hineinführt, so soll sie ausführlich gegeben werden.

Ähnlich wie der zum Festwerden führende Oxydationsvorgang beim Leinöl nicht *augenblicklich* vor sich geht, sobald Öl und Luft miteinander in Berührung kommen, so gibt es zahllose chemische Vorgange, die mit einer gewissen Langsamkeit ablaufen, wenn auch die Bedingungen für sie, insbesondere durch das Vorhandensein der erforderlichen Stoffe, gegeben sind. Für das Studium derartiger zeitlicher Verläufe an chemischen Vorgängen gibt es eine eigene Wissenschaft, die chemische *Kinetik*, die in den letzten Jahrzehnten sehr grosse Fortschritte gemacht hat.

Eines der merkwürdigsten Ergebnisse dieser chemischen Kinetik ist nun, dass die Zeit, welche ein bestimmter Vorgang braucht, nicht nur von den äusseren Bedingungen, wie Temperatur, Druck und Konzentration der beteiligten Stoffe, abhangt, sondern auch in sehr hohem Masse von der Anwesenheit anderer Stoffe, die an der Zusammensetzung des entstehenden Produktes keinen Anteil haben und deshalb durch den Vorgang im allgemeinen auch nicht verbraucht werden. Sie wirken auf den Vorgang, um ein anschauliches Bild zu geben, wie Öl auf ein eingerostetes Räderwerk; dieses nimmt auch unter sonst gleichen Umständen eine weit grössere Geschwindigkeit an, wenn die reibenden Teile geölt werden, und ohne dass das Öl für die Wirkung verbraucht wird. Stoffe, welche eine derartige Eigenschaft haben, nennt man *katalytisch* wirksame oder *Katalysatoren*, und den Vorgang der Beschleunigung durch die Anwesenheit solcher Stoffe *Katalyse*. Meist genügen sehr geringe Mengen des Katalysators, um grosse Beschleunigungen zu bewirken.

Im allgemeinen bestehen für jeden Vorgang besondere Katalysatoren, und man muss von Fall zu Fall ermitteln, welche Stoffe diesen merkwürdigen Einfluss auf eine gegebene chemische Reaktion ausüben können.

Nun ist es wohlbekannt, dass Leinöl u. a. viel schneller »trocknet«, wenn es zum Anreiben von Bleiweiss benutzt wird, als wenn man es etwa mit Zinkweiss benutzt. Andererseits kann man dem Leinöl die Eigenschaft erteilen, unter allen Umständen schnell zu trocknen, wenn man es mit irgend welchen Bleiverbindungen kocht, so dass es etwas von diesen auflöst. In diesen Tatsachen erkennen wir die charakteristischen Eigentümlichkeiten der Katalyse: *Bleiverbindungen beschleunigen den Oxydationsvorgang des Leinöls* und somit dessen »Trocknen«. Leinöl *firnis*, d. h. schnell trocknendes Leinöl, ist von dem gewöhnlichen durch den Gehalt an einem solchen Katalysator verschieden, und *Sikkativ*, d. h. eine Flüssigkeit, durch deren Zusatz man Leinöl schnell trocknend machen kann, ist eine konzentrierte Lösung eines solchen Katalysators.

Die Eigenschaft, die Oxydation des Leinöls katalytisch zu beschleunigen, haben nicht nur Bleiverbindungen, sondern auch *Mangan*verbindungen und vermutlich auch andere Metallabkömmlinge. Wenigstens schliesse ich aus den Angaben über die Trockenwirkung des Grünspans, die in alten Malbüchern sich finden, dass auch vielleicht das Kupfer wirksam ist. Doch liegen hierüber noch zu wenige exakte Arbeiten vor, als dass sich Bestimmteres sagen liesse. Ebenso machen bekannte Rezepte zum Firniskochen den Eindruck, als wenn auch durch längeres Erhitzen des Leinöls an der Luft ein Beschleuniger entstände, denn sie beruhen darauf, dem Öl durch blosses längeres Erhitzen die Eigenschaft des Schnelltrocknens zu erteilen. Doch müssen auch hier erst die wissenschaftlichen Arbeiten einsetzen, für die übrigens die Bahn vorgezeichnet ist, denn mit katalytischen Erscheinungen weiss die physikalische Chemie jetzt trefflich umzugehen.

Aus diesen Angaben werden Sie alsbald entnehmen können, welche Bedeutung die Warnung vor allzu reichlicher Anwendung solcher Trockenmittel hat, die jeder gewissenhafte Lehrer seinen Schülern zukommen lässt. In meinem vorigen Briefe entwickelte ich Ihnen die Theorie des *Reissens* der Ölfarbe; der wesentliche Punkt dabei war die verschiedene Zeit, welche einerseits die oberflächlichen Schichten, andererseits das Innere der Farbmasse zur Oxydation brauchen. Durch die Anwendung des Sikkativs wird nun dieser Zeitunterschied noch weiter gesteigert: die Oberfläche trocknet in wenigen Stunden und schliesst das Innere auf eine ebenso lange Zeit vom Festwerden ab, wie eine gewöhnliche Farbe, denn in beiden Fällen erfolgt das Festwerden im Innern wesentlich nur in dem Masse, als die feste Schicht Sauerstoff durch Diffusion, d. h. durch langsame Durchdringung ihrer Masse hineinlässt.

Nun beschleunigt das Trockenmittel nicht nur das erste Festwerden des Öls, sondern anscheinend in gleichem Masse auch die weiteren unerwünschten Veränderungen des festgewordenen Öls, insbesondere das Schwinden und Braunwerden, Was also bei gewöhnlicher Farbe normal nach langer Zeit eintritt, tritt bei Anwendung von Sikkativ in entsprechend kürzerer Zeit ein, und zwar um so schneller, je mehr Trockenmittel angewendet worden ist. So ist denn ein mit viel Sikkativ gemaltes Bild auf seiner Oberfläche bereits nach wenigen Jahren ein Greis, während es im Innern noch ein Jüngling ist, und dass eine derartige Kombination nicht gut tut, braucht nicht erst lange dargelegt zu werden.

Viel weniger bedenklich ist die Anwendung von Trockenmitteln bei der Einhaltung eines *dünnen* Farbauftrages, denn die eben geschilderten Übelstände steigern sich naturgemäss in schneller Progression, je dicker die Farbschichten sind. Ist das Bild dünn gemalt, so wird das enthaltene Öl in wenigen Tagen so fest, wie ohne Sikkativ in Monaten, und wenn es dann gefirnisst wird, so ist der weitere Sauerstoffzutritt zum Öl und damit die unerwünschten Änderungen des festen Öls praktisch zum Stillstande gebracht. Ich würde es also für unbedenklich halten, ein Bild, das schnell hergestellt werden soll, in dünner Technik mit genügendem Sikkativ in einem Zuge fertig zu malen und es dann nach einer Woche Trocknens zu firnissen. Allerdings hat auch hier die Erfahrung das entscheidende Wort zu sprechen, und meine Darlegung bezweckt nur, auf Grund der vorhandenen Kenntnisse eine Gruppe von Bedingungen zu formulieren, welche ein gutes Ergebnis erwarten lässt.

Eine derartige Technik ist insbesondere für Arbeiten vor der Natur ungemein bequem und förderlich. Benutzt man als Malgrund farbiges Zeichenpapier mit ziemlich starkem Korn, das man mit einer Leimlösung von etwa 6 Prozent präpariert hat, und malt man darauf mit gewöhnlicher Ölfarbe, die man mit einem Malmittel aus Sikkativ mit der zehnfachen Menge Terpentinöl so stark verdünnt, als es der erstrebte Zweck nur zulässt, so verliert man nirgend Zeit mit technischen Schwierigkeiten und kann in einer Stunde eine Studie bereits recht weit durchführen. Die Fernen werden mit dünnster Farbe, fast wie Aquarell angelegt; die passend gewählte Farbe des Papiers kann hier die Arbeit ausserordentlich erleichtern. Grosse Flächen darüber liegender Gegenstände werden ausgespart, kleine übergangen. Nach einer Viertelstunde, die man mit der Anlage der übrigen Flächen ausgefüllt hat, ist die Farbe der Ferne bereits so fest geworden, dass man Einzelheiten sicher und sauber hineinsetzen kann. Indem man stets von hinten nach vorn arbeitet, ergibt es sich unwillkürlich, dass die im Vordergrunde befindlichen Dinge den stärksten Farbauftrag erhalten, und damit ist ihr plastisches Vortreten leicht gesichert. Ich besitze derart hergestellte Skizzen, die über zwanzig Jahre alt sind, gar keine Sorgfalt bei der Aufbewahrung erfahren haben und an denen ich nicht die geringste Spur des Alterns entdecken kann, trotzdem die meisten nicht einmal gefirnisst sind. Ich schreibe dies ausschliesslich dem dünnen Farbauftrage zu, denn die übrigen Erfordernisse für eine möglichst grosse Dauer bei diesen Ferienprodukten einzuhalten, habe ich nicht der Mühe wert gefunden. Ja, ich habe sogar meist zu dem oben erwähnten Malmittel etwas Bernsteinlack (etwa 1/10) gesetzt, welcher das Einschlagen verhindert, um mir das spätere Firnissen zu ersparen, und damit bewusst gegen die Bedingungen der möglichsten Dauerhaftigkeit gesündigt, ohne dass ich bisher Schädigungen davon bemerkt habe. Vielleicht werden solche nach einigen Jahrhunderten sichtbar werden, falls die Blätter dann noch existieren sollten.

Schliesslich einige Worte über das *pastose* Malen. Fragt man nach den optischen Wirkungen, die man damit erreichen kann, so ergibt sich nur eine einzige, nämlich *das Glanzlicht auf der glatten Oberfläche eines gewölbten Farbtropfens.* In dieser Form kennt und verwendet insbesondere Rembrandt in feinster und bewusstester Weise den plastischen Farbauftrag. Im übrigen sind die Ölfarben, wie sie auf dem Bilde stehen, durch das in den meisten reichlich enthaltene

Bleiweiss so gut deckend, dass bereits eine Schicht von rund einem Zehntelmillimeter das Durchscheinen der Unterlage ausschliesst. Wendet man, was man der Sicherheit wegen für endgültige Werke stets tun sollte, einen rein *weissen* Malgrund an, so wird eine vollkommene Deckung meist nicht nur nicht erfordert, sondern ist sogar oft ein Nachteil; demgemäss kann der Auftrag noch viel dünner sein, und das Durchscheinen des weissen Grundes kann erfolgreich zur Erzielung einer lebendigeren Farbwirkung benutzt werden. Wird endlich der pastose Auftrag sinngemäss auf einzelne kleine Stellen beschränkt, so fallen auch die Ursachen der Schollenbildung und des Reissens fort. Vom Standpunkte der künstlerischen Wirkung bleibt also zu Gunsten des dicken Farbauftrages über das ganze Bild gar nichts übrig, denn die »Handschrift« des Künstlers dürfte gleichfalls nicht proportional der pro Quadratmeter verwendeten Farbenmenge bewertet werden. Umgekehrt bewirken die zahllosen Reflexe auf der Oberfläche eines mit dickem und unregelmässigem Farbauftrag gemalten Bildes, dass es namentlich bei künstlichem Lichte oft unmöglich ist, überhaupt einen Standpunkt zu gewinnen, an welchem man nicht durch unerwünschte Reflexe gestört wird. Bleiben also nur Ursachen übrig, welche ich unter dem Worte *Mode* am richtigsten zusammenzufassen glaube.

XIII. Weisser Malgrund. Lasur auf weisser und farbiger Unterlage. Gelöste Farbstoffe; Diffusion. Asphalt, seine Vorzüge und Nachteile. Lacke als colloidale Farbstoffe. Übergänge

Lieber Freund!

Sie verlangen, dass ich meine Bemerkung begründe, dass man für endgültige Bilder einen weissen Untergrund benutzen müsse, und füge hinzu, dass allerdings die älteren Italiener, Vlamen und Deutschen einen solchen benutzt hätten, und dass auch Böcklin die gleiche Praxis geübt habe, finden aber Ihrerseits einen getönten Grund für viele Zwecke angenehmer.

Um diese wichtige Frage gründlich zu behandeln, muss ich zunächst auf ein bisher nur andeutungsweise betrachtetes Problem eingehen, nämlich das der *Lasur*, insbesondere bei der Ölfarbentechnik.

Eine Lasur besteht bekanntlich in einer durchscheinenden farbigen Schicht über einem irgendwie gefärbten Untergrunde. Man erzielt hierdurch eine bedeutende Vertiefung der farbigen Wirkung.

Über die Art und Weise, wie diese Wirkung zu stande kommt, ist einiges bereits gesagt worden. Dort war indessen zunächst der weisse Untergrund in Betracht gezogen worden. Betrachten wir nun, wie eine Lasur auf farbigem Untergrunde wirkt. Wir behandeln zunächst den einfachsten Fall, dass man auf eine bestimmte Deckfarbe, z. B. Englischrot, eine gleichnamige durchsichtige Farbe, z. B. Krapplack deckt.

Macht man den Versuch, so erzielt man einen Eindruck, den man mit Worten wie »feurig«, »leuchtend«, »tief« wiederzugeben versucht. Es ist der Eindruck, welchen die Farben eines reinen Spektrums machen, denen keine merkliche Menge Weiss beigemischt ist. Den gleichen Eindruck machen aus gleichem Grunde tiefgefärbte Glasmalereien. Bei der Lasur Rot auf Rot beispielsweise kommt diese Wirkung dadurch zu stande, dass bereits die Deckfarbe wesentlich rotes Licht zurückwarf, dem nur einiges von der Oberfläche kommende weisse Licht beigemengt ist. Dieses weisse Licht wird nun durch die rote Lasur gleichfalls rot gefärbt, so dass nur rotes Licht übrigbleibt, und so kommt die Reinheit oder Leuchtkraft oder Tiefe der Farbe zu stande. Es ist natürlich, dass man jede andere Farbe in gleicher Weise zu solcher Wirkung bringen kann.

Etwas verwickelter ist die Wirkung einer Lasur auf andersfarbigem Untergrund. Die Lasur hat, da sie in der *Durchsicht* wirkt, die Eigenschaft, dem durchfallenden Lichte gewisse Strahlen zu entziehen. Und zwar sind es die Komplementärfarben der Farbe, in welcher der Farbstoff erscheint. So absorbiert der rote Krapplack hauptsächlich Grün, das Preussischblau hauptsächlich Rotgelb usw. Man kann sich von dieser Wirkung leicht überzeugen, wenn man durch ein Taschenspektroskop nach einer weissen Lichtquelle (z. B. hellen Wolken) hinsieht und dann ein mit der betreffenden Lasurfarbe überzogenes Glas vor den Spalt des Apparates halt. Andererseits wirken die deckenden Farbstoffe derart, dass sie von dem weissen Licht die Farben zurückwerfen, in denen sie erscheinen, während sie die komplementären verschlucken.

Nun kann man sich ein Bild von der Gesamtwirkung machen. Die Lasur lässt nur gewisse Lichtstrahlen, d. h. Farben durchgehen, und von diesen wird durch die Untermalung nur ein Teil zurückgeworfen, die von der Lasur nochmals in demselben Sinne beeinflusst werden, wie beim Einfallen. Die Folge ist, dass nur ein verhältnismässig beschränktes Gebiet von farbigem Licht zurückkommt, dem kein Weiss beigemischt ist.

Wählt man Untermalung und Lasur so, dass beide Farben nahe bei einander liegen, wie Orange und Rot, Gelb und Grün etc., so wird verhältnismässig viel Licht von grosser Reinheit der Farbe zurückgeworfen, und die Farbe erscheint »leuchtend«. Auf solche Weise lassen sich erfolgreich Gegenstände darstellen, die wie vom Sonnenlichte durchleuchtetes Laub, durchsichtiges Wasser, bunte Glasfenster u. dgl. kein Oberflächenweiss in ihrer Erscheinung enthalten.

Stehen sich Untermalung und Lasur im Farbenkreise ferner, so nimmt die Menge des von der Fläche zurückgeworfenen Lichtes immer mehr ab, und diese erscheint entsprechend dunkler. Durch Überlegen einer komplementärfarbigen Lasur über eine möglichst reinfarbige Untermalung lässt sich eine tiefe und doch farbige Wirkung erzielen. Das tiefste Schwarz ergibt sich, wenn auf einen schwarzen Untergrund abwechselnd komplementärfarbige dunkle Lasuren (z. B. gebrannte Siena und Preussischblau oder reiner Indigo) aufgetragen werden.

Die Frage, auf welchen Eigenschaften der Unterschied zwischen Deck- und Lasurfarben beruht, ergiebt sich aus der Anwendung derselben Betrachtungen über die Reflexion, welche bereits vorher für viele Erscheinungen in der Malerei aufklärend gewesen sind. Da, wie dort gezeigt worden war, eine Farbe um so besser deckt, je grösser ihr Lichtbrechungsvermögen ist, so folgt, dass umgekehrt eine Farbe umso weniger deckt, also umso mehr den Charakter einer Lasurfarbe hat, je kleiner ihr Lichtbrechungsvermögen ist, oder genauer, je näher ihre Lichtbrechung gleich der der Umgebung wird. Da es keinen Farbstoff von der geringen Lichtbrechung der Luft gibt, so gibt es auch in allen Malverfahren, bei denen die Körnchen des Farbstoffes wesentlich von Luft umgeben sind, keine Lasur. Dies gilt in erster Linie für die Pastellmalerei, und hier liegt die wesentlichste Beschränkung ihrer technischen Mittel. Umgekehrt erhalten umso mehr Farben den Charakter der Lasurfarbe, je grösser die Lichtbrechung des Bindemittels ist. Da in dieser Beziehung die Harze und Öle dem Gummi, Leim und Eiweiss stark überlegen sind, so erklärt es sich, dass die Anwendung dieses Hilfsmittels ihr grösstes und erfolgreichstes Feld in der Ölmalerei findet. Andererseits folgt daraus, dass die besten Lasurfarben solche sein würden, die sich in dem Bindemittel nicht nur mechanisch verteilen, sondern wirklich *auflösen* lassen. Diese Eigenschaft haben die meisten färbenden Metalloxyde gegenüber dem schmelzenden Glase, mit dem sie durchsichtige Flüsse von reichster und tiefster Färbung erzeugen.

Für die anderen Arten der Malerei kommen *gelöste* Farbstoffe kaum je in Frage. Alle Stoffe, welche wirkliche Lösungen bilden, zeigen auch die Eigenschaft der *Diffusion*, d. h. der freiwilligen Verbreitung in angrenzende Gebiete des Lösungsmittels, wo sie noch nicht, oder in geringerer Konzentration anwesend sind. Eine solche Diffusion ist auch in anscheinend festen Mitteln, wie trockener Leim, Gummi, Harz möglich, wenn sie auch dort sehr viel langsamer erfolgt, als in flüssigen Lösungen. Die Folge davon ist, dass sich um jedes Gebiet, wo der gelöste Stoff anwesend ist, in das freie

Gebiet hinein ein Diffusionshof bildet, welcher die Gestalt eines nach aussen abgetönten Randes hat. Eine gute Anschauung hiervon ergeben die unter der Glasur befindlichen blauen Zeichnungen auf Porzellan (z. B. das Meissner Zwiebelmuster), welche alle mit diesem verschwimmenden Rande versehen sind. Dieser kommt dadurch zu stande, dass die blaue Kobaltfarbe sich auf dem Porzellan schon zu der Zeit befindet, wo es der höchsten Temperatur ausgesetzt ist, und wo die Glasur daher halbflüssig ist. In dieser diffundiert das gelöste Kobaltoxyd, das die blaue Farbe bildet, von den Stellen, wo es aufgetragen war, nach den freien Stellen hin, und bildet so den charakteristischen verschwimmenden Diffusionsrand.

Da durch diese Erscheinung die scharfe Zeichnung vernichtet wird, so vermeidet man die Anwendung *gelöster* Farbstoffe in der eigentlichen Kunstmalerei. Der einzige, hier zu erwähnende Farbstoff ist der *Asphalt*, dessen ausgezeichnete Lasurwirkung seinem gelösten Zustande zuzuschreiben ist. Allerdings sind damit auch die eben geschilderten Diffusionserscheinungen verbunden, deren nicht vorausgesehene und nicht gewünschte Ergebnisse dem unkundigen Benutzer dieses Farbstoffes grosse Verlegenheiten und Misserfolge bringen können.

Von diesem Übelstande der gelösten Stoffe, der Diffusion, frei und deren optische Vorzüge fast ohne Mängel besitzend sind die *colloidalen* Farbstoffe. Mit diesem Namen bezeichnet man nichtkristallinische Stoffe, welche sich mit Lösungsmitteln zwar nicht zu eigentlichen Lösungen, wohl aber zu Suspensionen oder Aufschlämmungen vereinigen, welche noch einen grossen Teil der Eigenschaften der Lösungen haben.

Sie lassen sich mit beliebigen Mengen des Lösungsmittels verdünnen und zeigen dabei eine Durchsichtigkeit, welche der der wahren Lösungen nahe kommt, sie aber doch nicht ganz erreicht. Dies erkennt man daran, dass solche Lösungen zwar oft in der Durchsicht ganz klar erscheinen, in der Aufsicht aber doch eine Zerstreuung des Lichtes erkennen lassen. Ein Beispiel dafür bietet etwa Preussischblau in viel reinem Wasser dar, welches in der Durchsicht klar aussieht. Wenn man aber mittels einer Sammellinse, etwa eines Brennglases, einen Kegel Sonnenlicht in die Flüssigkeit fallen lässt, so zeichnet sich dieser mit der kupferroten Farbe ab, die man auch durch Glätten des festen Farbstoffes mit einem harten, glatten Körper hervorrufen kann.

Zu den gebräuchlichsten colloidalen Farbstoffen gehören die *Farblacke*. Es sind dies Verbindungen organischer Farbstoffe mit Tonerde oder Aluminiumhydroxyd. Früher dienten nur ein paar natürlich vorkommende organische Farbstoffe, wie Karmin und Krapp zur Herstellung von Farblacken. Gegenwärtig, wo die Industrie zahllose künstliche Farbstoffe von allen Farbtönen herstellt, ist auch die Gewinnung von Farblacken eine sehr viel mannigfaltigere geworden. Indessen gelangen diese meist nicht lichtbeständigen Produkte glücklicherweise nur ausnahmsweise in die für die Kunstmalerei bestimmten Farben und werden hauptsächlich in der Tapetenindustrie verbraucht.

Von den in der Malerei benutzten Lacken ist Krapplack dem Karminlack in Bezug auf seine Beständigkeit weit überlegen. Zwischen dem künstlichen Alizarin und dem natürlichen Krappfarbstoff besteht weder chemisch, noch optisch ein Unterschied, ausser dass der künstliche Farbstoff reiner ist und daher noch eine grössere Gewähr der Dauer bietet, als der natürliche.

Da zur Lackbildung mit Tonerde sich fast nur organische Farbstoffe eignen, welche sehr oft nur eine geringe Lichtbeständigkeit haben (unabhängig davon, ob sie natürliche oder künstliche Farbstoffe sind), so hat sich allgemein die Vorstellung verbreitet, als seien Lacke im allgemeinen nicht »echt«. Während dies, wie erwähnt, allerdings von vielen alten »natürlichen« Farbstoffen gilt, hat die Industrie neuerzeit eine Reihe hervorragend lichtechter künstlicher Farbstoffe erzeugt, welche jene alten unechten nicht nur ersetzen, sondern übertreffen. Allerdings lassen sie sich nicht auf den ersten Blick von den vergänglichen Produkten unterscheiden, und so lange der Künstler sich nicht daran gewöhnt, ihm unbekannte Farbstoffe einer Probe auf ihre Lichtbeständigkeit zu unterwerfen, ist es jedenfalls besser, diese Produkte nicht auf der Palette heimisch werden zu lassen. Wohl aber sollten die grossen, als zuverlässig bekannten Firmen, die sich mit der Herstellung von Künstlerfarben befassen, dahingerichtete Arbeiten unternehmen und die als zuverlässig erkannten Lacke in den Handel bringen.

Zu den Lasurfarben werden schliesslich einige gerechnet, welche weder echte noch colloidale Lösungen geben, wie Terra di Siena, Umbra usw. Diese erhalten ihre durchsichtige Beschaffenheit im Gemenge mit dem Bindemittel durch den verhältnismässig kleinen Wert ihres Lichtbrechungsvermögens, welches dem der öligen und harzigen Bindemittel sich nähert. Dadurch wird die totale Reflexion und daher auch die Trübung des Gemenges auf ein geringes Mass herabgedrückt. Indessen ist doch hier bei weitem nicht die Durchsichtigkeit vorhanden, wie bei den wahren und den colloidalen Lösungen. Diese Farbstoffe beginnen daher den Übergang zu den Deckfarben, welcher durch eine Stufenleiter verschiedener Farben von immer grösserem Brechungskoeffizienten vermittelt wird.

XIV. Umfang der Lichtskale. Der weisse Untergrund ermöglicht den weitesten Umfang. Leim-Gipsgrund. Farbenpracht der vlämischen Meister. Tiefenlicht ohne Oberflächenlicht. Luftverschlechterung und Luftperspektive. Gemaltes »Licht«. Möglichste Ausdehnung der Skale nach der hellen Seite. Böcklins Praxis

Lieber Freund!

Ich habe die Frage nach dem *Malgrunde* keineswegs vergessen, nur wollte ich sie in meinem letzten Briefe noch nicht behandeln, da die Auseinandersetzungen über die Lasur bereits einen zu breiten Raum eingenommen hatten. Heute will ich meinen damaligen Ausspruch rechtfertigen.

Der Maler beabsichtigt meist, mit seinem Bilde einen Eindruck zu erzielen, welcher dem der natürlichen Erscheinung möglichst nahe kommt oder möglichst eindringlich an diese erinnert. Hierbei steht ihm die fundamentale Schwierigkeit entgegen, *dass der Umfang des Lichtes, über welchen er verfügt, ganz unverhältnismässig viel kleiner ist, als in der natürlichen Erscheinung.* Denn das Bild wird im Zimmer bei mittlerem Licht betrachtet; das weisseste Bleiweiss kann nicht mehr davon zurückwerfen, als darauf fällt, und dieses sehr mässige Licht ist das hellste, was der Maler zur Darstellung der wiederzugebenden Erscheinung zur Verfügung hat. Andererseits ist es nicht möglich, die Reihe etwa nach der anderen Seite zu verlängern, denn dunkler als ein Ort in der natürlichen Erscheinung, von welchem *kein* Licht kommt (etwa ein Kellerloch), ist auch das schwärzeste Schwarz auf der Palette nicht; vielmehr ist es wegen des nie ganz zu vermeidenden Oberflächenlichtes nicht unerheblich heller.

Es ist also aller Grund vorhanden, mit den vorhandenen Mitteln sparsam umzugehen, wenn man beabsichtigt, in seinem Bilde Farbe und Licht zu wesentlicher Wirkung zu bringen. Verzichtet man hierauf, hat man also in erster Linie die abstrakte Wirkung einer Zeichnung im Sinne, so fällt allerdings diese Ursache für die Wahl eines weissen Malgrundes fort; doch wird alsdann ein solcher meist ohnedies gewählt.

Denken wir uns, Sie wollen ein recht reines und feuriges Rot in Ihrem Bilde anbringen, etwa zur Darstellung eines sonnedurchleuchteten farbigen Kirchenfensters. Sie werden Ihr Ziel am besten erreichen, wenn Sie auf weissem Untergrunde mit abwechselnden Schichten gelber und roter Lasurfarbe arbeiten, bis Sie das Oberflächenlicht beseitigt und nur rotes Tiefenlicht nachbehalten haben. Wieviel Licht dann überhaupt noch von der Stelle ausgeht, hängt wesentlich davon ab, wieviel Licht der Untergrund zurückwerfen kann, und daraus folgt unmittelbar, dass Sie mit rein weissem Untergrunde die grösste Lichtmenge erzielen werden. Es folgt weiter daraus, dass für solche Wirkungen ein *Kreidegrund* zunächst ungünstiger erscheint, als einer aus einer starker brechenden weissen Farbe, etwa Bleiweiss. Denn wenn das Bindemittel der Lasurfarbe eindringt, so wird die Zurückwerfung des Lichtes seitens des Untergrundes um so mehr geschädigt, je kleiner dessen Brechungskoeffizient ist. Indessen gibt es ein Mittel, diesen Nachteil zu vermeiden. Wenn nämlich der Untergrund das Eindringen des Bindemittels der Lasurfarbe verhindert, so kann auch die Verdunkelung durch dieses nicht eintreten, und man erreicht das Gewünschte auch mit schwächer brechenden weissen Farben.

Dies ist die Ursache für die gute Wirkung des Leim-Gipsgrundes, den die älteren Tafelmaler angewendet haben, und zu dem Böcklin auch seinerseits zurückgekehrt ist. Gips ist ein Stoff von nicht sehr erheblicher Lichtbrechung, etwa 1.5 bis 1.6, ähnlich der Kreide, und würde daher durch Öl oder Firnis ziemlich durchscheinend werden. Dadurch, dass er mit Leim vermischt ist, wird aber das Öl am Eindringen verhindert und die Lichtreflexion der weissen Schicht bleibt erhalten.

Durch die Ausnutzung dieser Grundsätze sind die genannten Maler dazu gelangt, ihren Bildern die viel bewunderte Tiefe und Pracht der Farbe zu geben. Wenn oft behauptet wird, dass dies für den gewöhnlichen Sterblichen unerreichbar sei, so gilt dies nur für solche Sterbliche, welche die optischen Bedingungen und die Mittel zu ihrer Erfüllung nicht kennen. Ich bin aber ganz sicher, dass durch dies einfache Rezept: möglichst durchsichtige Lasur auf möglichst weissem Grunde, dasselbe und noch mehr, *optisch gesprochen*, erreicht werden kann, was jene Meister zu stande gebracht haben.

Will man sich davon überzeugen, so hefte man nur eine gefärbte Gelatinefolie, wie solche zu allerlei Zwecken benützt werden, auf rein weisses Papier oder sonst einen gut weissen Grund und versuche, die Wirkung mit *Deckfarbe* nachzuahmen. Es gelingt nicht, und zwar einfach deshalb nicht, weil man bei der Deckfarbe nicht das Oberflächenlicht ausschliessen kann, das hier ausgeschlossen ist. Mit Lasurfarbe dagegen gelingt es, denn die gefärbte Gelatine ist ja optisch gesprochen nichts als eine Lasur.

Dem heutigen Maler kommt es allerdings oft genug auf diese Art der Wirkung nicht an. Denn ersichtlicherweise ist für ein naturalistisches Bild ein solches Mittel nur dort am Platze, wo auch die Naturerscheinung *Tiefenlicht ohne Oberflächenlicht* gibt. Die alten Maler waren darauf aus, ihren Heiligen, Marieen usw. so schönfarbige Gewänder zu malen, als sie nur fertigbringen konnten, und sie bekümmerten sich nicht darum, ob diese Gewänder irgendwelchen wirklichen Kleiderstoffen ähnlich aussahen. Heute aber handelt es sich im Bilde meist um *Oberflächenlicht*. Die sehr weit fortgeschrittene Luftverschlechterung in den modernen Städten hat nämlich die Menschheit und insbesondere die Maler auf die optischen Wirkungen der trüben Luft aufmerksam gemacht, und unsere heutige schöngeistige Kunstliteratur ist dadurch voll von unklaren Phrasen über das »Licht, das aller Körper umflutet« und dergleichen geworden. Tatsächlich ist das Licht, das durch ein farblos durchsichtiges Mittel, wie die Luft geht, für uns gänzlich *unsichtbar* und kann daher weder noch braucht es gemalt zu werden. Was sichtbar ist, sind die *trübenden Teilchen*, Russ und Staub in der Luft. Indem diese das auf sie fallende Licht nach allen Seiten zerstreuen, bringen sie ein entsprechendes graues oder blaues Licht zur Wirkung, das um so deutlicher wird, je dicker die wirksame Schicht ist. Hierdurch werden die dunkelsten Stellen der Gegenstände um so mehr bläulich oder grau aufgehellt, je weiter sie vom Beschauer entfernt sind. Diese seit Jahrhunderten bekannten und mehr oder weniger glücklich ausgedrückten Wirkungen der sogenannten *Luftperspektive* treten nun bei um so geringerer Entfernung in die Erscheinung, je staubiger die Luft ist, und darum gibt es tatsächlich in unserer Zeit sehr viel mehr Luftlicht zu sehen und zu malen, als in früheren

Jahrhunderten. In Leipzig zeigen meist bei aufmerksamer Betrachtung die auf der anderen Seite der Strasse liegenden Schwärzen bereits deutliches Luftlicht, während ich auf Rügen oft noch in der Entfernung von mehreren Kilometern die Gegenstände in ihrer Eigenfarbe und nur mit den ersten Spuren des Luftlichtes ausgestattet gesehen habe. Wenn man also sorgfältig darauf achtet, dass die jeweils dunkelste Farbe sich nach der zunehmenden Entfernung ins Hellere abstuft, und dies bereits bei geringen Distanzen zum Ausdruck bringt, so erzielt man ohne weiteres das »umflutende Licht«.

All dieses Luftlicht ist nun *Oberflächenlicht*, und es ist klar, dass dieses nicht mittels durchsichtiger Lasur-, sondern mittels Deckfarbe ausgedrückt werden muss. Man kann die Wirkung in feinster und naturgemässester Weise durch eine trübe Lasur von sehr dünner weisser Farbe erreichen; die sachgemässe Ausführung dieses Verfahrens ist indessen nicht ganz leicht. Hier tritt der Fall ein, wo ein Weiss von kleinem Brechungskoeffizienten zweckmässiger ist, als eines von grösserem, denn die aufzutragende Schicht wird um so dicker sein können, bis die gleiche Wirkung erreicht ist, je näher sich die Brechungen des Farbstoffes und des Bindemittels liegen. Daher wenden die erfahrenen Maler für derartige Zwecke an Stelle des Bleiweisses das weniger brechende Zinkweiss an, denn je dicker die aufzutragende Schicht sein darf (es handelt sich hier um äusserst dünne Schichten), um so weniger technische Schwierigkeiten macht die Herstellung. Es wäre daher ganz zweckmässig, mit dem Brechungskoeffizienten dieses »Luftweiss« noch weiter herabzugehen und etwa Gips oder künstlich hergestellten kohlensauren Kalk (Kreide ist meist zu gelblich durch einen kleinen Eisengehalt) für diesen Zweck zu verwenden.

Durch diese Berücksichtigung des Luftlichtes verkürzt der Maler nun wieder seine Lichtreihe nach der Seite des Schwarz, denn er gelangt nur zu einem abgestuften Grau, das er nicht überschreiten darf, wenn nicht die Luftwirkung gestört werden soll. Somit hat er auch in diesem Falle ein lebhaftes Interesse daran, die Reihe nach der anderen, hellen Seite so lang zu halten, als möglich, d. h. sein Weiss möglichst lichtreich und unbeschmutzt zu bewahren. Dies gelingt am leichtesten, wenn er auf weissem Grunde arbeitet, damit er nicht überall, wo er die grösste Helligkeit braucht, dicke Schichten von Bleiweiss anbringen muss. Dass dieser Umstand nicht berücksichtigt wird, ist die Ursache, weshalb Luft und Wolken bei so vielen heutigen Lichtmalern so schwer und massig aussehen, als bestanden sie aus dickem Ton. Auf weissem Grunde sind diese dicken Schichten entbehrlich.

Sehr viel Lehrreiches sieht man in dieser Beziehung an den Bildern Böcklins. Durchsichtige Dinge, insbesondere Luft und Wasser, malt er mit Lasurfarben auf weissem Grunde. Die gleiche Technik ergibt ihm die optische Wirkung des durchscheinenden Marmors und nasser Steine. Wo aber Luftlicht ins Spiel kommt, treten Deckfarben auf. Ich will nicht behaupten, dass dies überall genau durchgeführt ist; insbesondere geraten ihm seine Felsen wegen reichlicher Anwendung der Lasurfarbe namentlich in der späteren Zeit oft ein wenig zu unkörperlich. Doch ich will schliessen. Die Verfolgung dieser Betrachtungen, die im wesentlichen schon von Ludwig angestellt worden sind (der sie nur mit seiner unglücklichen Petroleummalerei und seiner nicht minder unglücklichen Einseitigkeit im Kunsturteil verquickt hat) führt in die mehr psychophysischen Seiten der Technik hinein, von denen erst später einmal die Rede sein soll.

XV. Tempera. Verschiedene Möglichkeiten; Beispiele dafür. Emulsions- oder Öltempera. Malgründe in Tempera. Die beste Technik: das Problem ist nicht eindeutig

Lieber Freund!

Von den verschiedenartigen Techniken bleibt uns wesentlich noch eine zu besprechen übrig, die *Tempera*. Allerdings handelt es sich hier nicht um einen so scharf begrenzten Begriff, wie bei den bisher erörterten Verfahren, denn Tempera bedeutet ursprünglich *jedes* Bindemittel für Farbe, und noch heute werden sehr verschiedenartige Gemenge damit bezeichnet. Hier ist es insbesondere, wo die moderne Farbenalchemie und das Geheimmittelwesen seine üppigsten Blüten treibt und seine schlimmsten Früchte trägt.

Unter Tempera versteht man gegenwärtig solche Bindemittel, welche sich zwar im frischen Zustande beliebig mit Wasser verdünnen lassen, sich aber gegen Wasser unlöslich erweisen, nachdem sie einmal trocken geworden sind, bezw. längere Zeit an der Luft gestanden haben. Die technische Erleichterung, die derartige Mittel gewähren, liegt in der Möglichkeit, über vorhandene Farben malen zu können, ohne sie zu stören. Die Chemie gewährt eine ganze Reihe von Hilfsmitteln, um diese Aufgabe zu lösen. Man kann das Prinzip der Ölmalerei benutzen, nämlich einen Stoff anwenden, der durch Oxydation unlöslich wird. Oder man kann das Festwerden darauf begründen, dass ein die Löslichkeit verursachender Stoff verdampft. Oder man kann die Wirkung des Lichtes, gewisse Kombinationen unlöslich zu machen, anwenden. Oder man kann auf die Malerei einen Stoff aufbringen, der das Bindemittel unlöslich macht. Damit ist meine chemische Phantasie zunächst erschöpft; ich glaube aber, dass ich bei einiger Anstrengung noch einiges aus ihr herauspressen könnte.

Um Ihnen aber zu zeigen, wie man diese allgemeinen Vorschriften in bestimmte Rezepte verwandelt, will ich für jeden Fall ein Beispiel geben. Wenn Sie Leim mit Eisenvitriol mischen, so erhalten Sie den ersten Fall. An der Luft geht das Eisensalz in eine höhere Oxydationsstufe über und dabei entsteht eine Verbindung, welche den Leim unlöslich macht. Leider wird diese Tempera dabei ziemlich braun, so dass sie sich nicht für alle Farben eignet. Den zweiten Fall erhalten Sie, wenn Sie Caseïn mittels Ammoniak oder noch besser Ammonkarbonat in Wasser auflösen. Das Ammoniak, bezw. das Ammonkarbonat verflüchtigt sich beim Trocknen und hinterlässt das Caseïn im unlöslichen Zustande. Dies ist eine sehr gute Tempera. Drittens können Sie mit Leim malen, dem eine sehr geringe Menge eines chromsauren Salzes zugesetzt ist. Im Lichte wird das Salz so verändert, dass es mit dem Leim eine unlösliche Verbindung bildet. Auch hier ist die gelbe Farbe der Chromverbindung etwas störend, doch verschwindet sie bei der Belichtung und macht einer mehr neutralen Platz. Viertens können Sie mit Leim malen und jeden Auftrag nach dem Trocknen mit einer Lösung von Formalin anstauben. Dieses vereinigt sich mit dem Leim zu einer unlöslichen Verbindung und der Zweck ist gut erreicht, da das übrige Formalin verdampft, ohne das Bild zu beeinflussen.

Ich habe Ihnen für jeden Fall nur ein Beispiel gegeben, könnte aber deren Anzahl sehr erheblich vermehren, wenn ich nicht bereits befürchten müsste, den »chemischen Schrecken« bei Ihnen erregt zu haben. So will ich es hierbei bewenden lassen und nur noch auf eine wichtige, weil viel angewendete und unendlicher Variationen fähige Erweiterung der vorhandenen Mittel hinweisen. Es ist dies die Anwendung der *Emulsionen*.

Eine Emulsion ist ein Gemenge einer wässerigen Flüssigkeit mit Kügelchen einer nicht in Wasser löslichen Flüssigkeit, wie Öl, Fett oder dergleichen. *Milch* ist eine solche Emulsion; in ihr schwimmt das Butterfett in Gestalt sehr kleiner Kügelchen, die sich nur schwierig zu grösseren Massen vereinigen. Dies geschieht beim Buttern, und Sie wissen, dass dies für den Unerfahrenen keine leichte Sache ist. Ebenso ist *Eigelb* eine derartige Emulsion; es besteht aus einem gelben Öl, dem Eieröl, das wieder in Gestalt kleinster Tröpfchen in Eiweiss aufgeschlämmt ist.

Welchen Wert derartige Emulsionen für die Temperamalerei haben können, ergibt sich, wenn man sich die Wirkungsweise einer passend zusammengestellten, z. B. Caseïn mit Leinölfirnis, vergegenwärtigt. Wird eine Farbe damit angerieben, so kann man sie beliebig mit Wasser verdünnen, kann sie also wie Aquarell oder

Guasche anwenden. Beim Trocknen wird zunächst das Caseïn in Wasser unlöslich. Gleichzeitig beginnt aber auch der Oxydationsvorgang am Leinöl, und dieses wird gleichfalls fest. Das Farbkorn ist also auf doppelte Weise gebunden, und zwar durch ein Bindemittel, *das vermöge seiner eigentümlichen wabigen Struktur eine besondere Zähigkeit besitzt.*

Wegen dieser Vorzuge wird als Tempera gegenwärtig meist irgend eine *Emulsions*tempera benützt. Um eine solche herzustellen, bedarf man zunächst eines in Wasser löslichen, einigermassen schleimigen Stoffes. Hierzu kann arabisches Gummi, Leim, Eiweiss, Caseïn usw. benützt werden. Ferner bedarf man eines Öles oder flüssigen Harzes mit den erforderlichen Eigenschaften; hier bieten sich einerseits die trocknenden Öle, wie Lein-, Mohn- und Nussöl an, andererseits die flüssigen Harze und Firnisse, wie Terpentin, Copaïva, Canadabalsam , auch öliger Bernstein- oder Kopallack. Rührt man einen der zuerst genannten, in Wasser zu einem Schleim von Ölkonsistenz gelösten Stoffe mit etwa einem Fünftel bis einem Zehntel aus der zweiten Reihe zusammen, so vereinigen sich beide alsbald zu sahneähnlichen, undurchsichtigen Gemengen, die nach etwa viertelstündiger Bearbeitung die richtige Beschaffenheit haben und durchsichtig auftrocknen.

Meist wird Eigelb als wässeriger Bestandteil benutzt, doch ist dies nicht sehr zweckmässig. Denn im Eigelb ist bereits ein Öl enthalten, das aber nicht trocknet und ausserdem die stark gelbe Färbung hat. Besser ist Eiweiss, noch besser Caseïn, in Ammonkarbonat gelöst. Böcklin hat in der letzten Periode seines Schaffens eine Lösung von Kirschgummi benutzt, in welcher je ein Neuntel Petroleum, Copaïvabalsam und Terpentin emulsioniert war. Hiergegen wäre höchstens einzuwenden, dass das Petroleum überflüssig erscheint; doch kann es immerhin Wirkungen haben, die sich nicht alsbald voraussehen lassen.

Die technische Bedeutung der Tempera liegt nun darin, dass hier die im vorigen Briefe erwähnte Trennung der mechanischen und optischen Wirkung des Einbettungsmittels systematisch durchgeführt werden kann. Man malt mit Temperafarbe, holt sie nach dem Trocknen mit einem Firnis heraus und kann hierauf wieder ohne Schwierigkeit mit neuer Temperafarbe weiter arbeiten und von neuem firnissen. Ebenso kann man auf einer Untermalung von Tempera Ölfarbe auftragen, namentlich mit solcher Farbe *lasieren*. Es ist nach E. Berger sehr wahrscheinlich, dass die Schönheit der Farbe in den altvlämischen Bildern auf solche Weise – Öllasur über Tempera – erreicht worden ist. Da ein gutes Temperabindemittel vermöge seiner zusammengesetzten Beschaffenheit *durch die ganze Masse* austrocknen und fest werden kann, so fällt die Ursache des Reissens, die im vorigen Briefe bezüglich der Ölfarbe dargelegt worden war, hier fort; auch die Anwendung der lasierenden Ölfarbe bringt sie nicht mit, denn eine Lasur ist naturgemäss ein sehr dünner Auftrag. Allerdings ist hierbei vorausgesetzt, dass nicht bereits durch den Malgrund das Reissen bedingt wird. Um dies zu vermeiden, ist auch der Malgrund in Tempera auszuführen, und zwar möglichst dünn.[4]

So sind wir, lieber Freund, endlich am Ende unserer gemeinsamen Wanderung angelangt. Freilich müssen Sie zunächst wie Moses sich damit begnügen, das gelobte Land der zuverlässigsten Technik vor sich zu sehen; das Betreten in Gestalt eines erprobten Rezeptes kann ich Ihnen noch nicht ermöglichen, weil meine Arbeiten noch nicht weit genug dazu gediehen sind. Aber ich glaube durch die Festlegung der wissenschaftlichen Grundlagen doch den experimentierenden Kunstgenossen die Aufgaben und die Mittel zu ihrer Lösung hinreichend klar gemacht zu haben, um ihren Bemühungen eine bestimmte Richtung zu geben und das bisher so verbreitete planlose und auf einen glücklichen Zufall berechnete Herumprobieren entbehrlich zu machen. Es ist ja offenbar, dass die Lösung der Aufgabe keine *eindeutige* ist; man wird eine ganze Anzahl von Kombinationen zusammenstellen können, die alle nahezu gleich grosse Vorzüge haben. Um so besser, dann ist auch für die persönliche Eigenart des Künstlers noch reichlich Raum vorhanden. Aber ich hoffe wenigstens das erreicht zu haben, dass künftig der Künstler nicht blindlings sich Zusammensetzungen mit Phantasienamen, die als Tempera ohne Angabe der Bestandteile angeboten werden, anvertraut, sondern vor allen Dingen zu wissen verlangt, woraus das Bindemittel besteht.

---

[4] Gemahlener Schwerspat mit einem solchen (verdünnten) Tempera-Bindemittel dünn aufgetragen, gibt einen vorzüglichen Malgrund, auch für Pastell.

XVI. Verbesserung der Mittel. Physiologische Seite der Technik. Blendungswirkungen. Objektive Darstellung subjektiver Erscheinungen. Nachbilder. Ausblicke auf geschichtliche Tatsachen. Der fleckige Himmel

Lieber Freund!

Es ist zweifellos richtig, dass man auch mit unvollkommenen Mitteln Bilder schaffen kann, deren Wirkung auch als Darstellung der Wirklichkeit, des Lichtes und der Luft in der Landschaft etwa, sehr gross ist. Ihre Frage, ob alsdann die Mühe um die Verbesserung der Mittel nicht überflüssig sei, muss ich allerdings verneinen. Schon die Tatsache, dass die meisten grossen Maler, und insbesondere solche, welche weitgehende optische Wirkungen in ihren Bildern hervorzubringen gewusst haben, sich sehr eingehend um die Verbesserung ihrer Mittel gekümmert haben, beweist die wirkliche Bedeutung derselben. Aber man wird auch ganz allgemein sagen können, dass wenn ein Mann schon mit geringen Mitteln Erhebliches leisten kann, er mit besseren Mitteln entsprechend weiter kommen wird.

Dass die besseren Mittel aber nicht in jedermanns Hand auch schönere Kunstwerke ergeben, liegt natürlich daran, dass auch die besten Mittel nichts helfen, wenn man sie nicht zweckmässig verwendet. Der Maler hat nun allen Grund, sich über die Wirkungen, die er mit seinen Mitteln erreichen kann, klar zu werden, denn wie ich Ihnen früher dargelegt habe, übertrifft der Umfang der Lichtreihe in der Natur bei weitem den, welcher dem Maler zur Verfügung steht. Wenn dieser also helle Lichterscheinungen zu malen hat, so sieht die Aufgabe anfangs nahezu hoffnungslos aus. Betrachtet man aber andererseits gewisse Bilder, die mit Benutzung der erforderlichen Kenntnisse und Geschicklichkeiten auf einen derartigen Effekt gemalt sind, so erstaunt man über die blendende Wirkung, die der Maler mit seinem schwachen gemalten Licht hervorzubringen weiss.

In meinem Zimmer hangt an der hellsten Stelle eine Landschaft von *Jespersen*, den Sonnenuntergang über einer Heide darstellend.

Die Sonne ist ziemlich tief am Horizont, aber noch nicht von Nebeln bedeckt; am Himmel befinden sich verstreute Wölkchen. Beim Betrachten des Bildes empfindet man ein ganz ähnliches Gefühl der Blendung, das die Betrachtung der wirklichen Sonne in dem dargestellten Zustande, wo man sie eben ansehen darf, hervorrufen wurde. Dabei ist die Sonne nicht einmal mit dem allerhellsten Weiss gemalt, sondern gelblich; in der Mitte befindet sich, wie man bei genauerem Zusehen erkennt, ein violettrötlicher Fleck; auch hat der Maler auf pastosen Auftrag verzichtet. Es ist also mit mässigen Mitteln ein ähnlicher Eindruck erreicht, den die unverhältnismässig viel grösseren Helligkeitsunterschiede der Wirklichkeit hervorbringen.

Analysiert man die Hilfsmittel im einzelnen, so ergeben sich folgende Besonderheiten. Die Heide und der Himmel sind in der Nähe der Sonne viel heller, als sonst gemalt; unmittelbar unter der Sonne ist der Horizont fast ebenso hell, wie der Himmel und die Sonne. Bei der wirklichen Erscheinung hat man den gleichen Eindruck; es rührt dies von der *Überstrahlung* oder Irradiation her. Dies ist eine Eigenschaft unseres Auges, vermöge deren sich jedes helle Gebiet scheinbar über die angrenzenden Dunkelheiten hinaus verbreitet, und zwar umso mehr, je grösser der Helligkeitsunterschied ist. Hier ist er sehr gross, der Maler hat dementsprechend ein sehr weites Überstrahlungsgebiet gemalt. Man könnte einwenden, dass diese Überstrahlung im Bilde durch dieselben Mittel hervorgebracht werden müsste, wie in der Natur, nämlich durch Nebeneinandersetzen von Hell und Dunkel. Hier aber findet der Maler seine sehr enge Grenze an dem viel zu geringen Helligkeitsunterschied seiner äussersten Farbstoffe: sein bestes Weiss neben seinem besten Schwarz gibt nur eine sehr unbedeutende Überstrahlung, die mit der der Sonne gegen den Horizont gar nicht zu vergleichen ist. Deshalb hat er sich dadurch geholfen, *dass er die Erscheinung, die in Wirklichkeit nur subjektiv im Auge des Beschauers entsteht, objektiv in sein Bild gemalt hat.* Indem er dadurch im Auge einen ähnlichen Zustand hervorruft, als finde eine tatsächliche Überstrahlung statt, bewirkt er bei dem Beschauer die Empfindung der blendenden Helligkeit, die erfahrungsgemäss die Ursache einer Überstrahlung ist.

Hiermit ist ein ungeheuer wichtiges und der mannigfaltigsten Anwendungen fähiges Prinzip ausgesprochen, von dem die Künstler unbewusst oder bewusst beständig Anwendung machen: *man malt die subjektiven Nebenerscheinungen der Lichtwirkung ins Bild, um den Eindruck zu erwecken, als wären deren objektive Ursachen vorhanden.* Auf dem beschriebenen Bilde finden sich noch mehrere Anwendungen des gleichen Prinzips. Jener rötliche Fleck in der Mitte der Sonne vertritt die Tatsache, dass die Mitte unseres Gesichtsfeldes eine etwas weniger lichtempfindliche Stelle enthält, als ihre nächste Umgebung ist. Dieser Umstand kommt beim gewöhnlichen Gebrauch des Auges gar nicht zur Empfindung, wohl aber bei der Blendung, und darum hat ihn der Maler auch nur in die Sonne gemalt.

Das Verschmitzteste ist aber folgender Umstand. Wenn man in die Sonne gesehen hat, so behält man im Auge während einiger Zeit das *Nachbild* der Sonne, das durch eine Reihe von ziemlich lebhaften Farben »abklingt«. Und zwar erscheint dies Nachbild, das in einer Veränderung des Augenhintergrundes an der Stelle, wo die Blendung stattgefunden hatte, besteht, überall dort, wohin man den Blick richtet, *es ist also mit dem Auge beweglich.* Der Maler hat nun derartige farbige Nachbilder der Sonne an verschiedene Stellen seines Bildes gesetzt und ist dabei so vorsichtig verfahren, dass man die farbigen Flecken als solche nicht unmittelbar empfindet, sondern erst beim genaueren Zusehen unterscheiden kann. Demgemäss bemerkt der unvorbereitete Zuschauer überhaupt nicht, dass der Maler die Nachbilder *hingemalt* hat; er hat nur in seinem Auge, das auf irgend welchen anderen Stellen des Bildes ruht, die gleiche farbige Erscheinung, als hatte er das Nachbild der Sonne im Auge, und da er diese Empfindung wiederfindet, wenn er seinen Blick auf andere Stellen des Bildes richtet, so gesellt sich dazu der Eindruck, dass dies Nachbild mit dem Blicke *wandert*, gerade wie ein richtiges Nachbild. Da er derartiges nur von der Blendung des Auges durch grosse Lichtunterschiede herkennt, so wird alsbald der Eindruck bewirkt, solche Helligkeitsunterschiede seien tatsächlich vorhanden.

Es ist sehr zu beachten, dass der Blendungseindruck dieses Bildes auf den Unvorbereiteten sehr gross ist; er verschwindet aber ein wenig, wenn man die Mittel genauer untersucht hat und ist bei mir, der ich dies oft getan habe, bereits ziemlich viel geringer geworden, als er anfangs war. Dies ist ein natürlicher und unvermeidlicher Vorgang, der ein grosses Licht auf gewisse geschichtlich beglaubigte Tatsachen wirft, die uns sonst schwer verständlich sind. Solange der Beschauer nur solche Nachbilder kennt, die durch eine wirkliche Blendung entstehen, müssen die gemalten, von deren Existenz er noch keine Erfahrung hat, ausserordentlich überzeugend wirken, indem sie ihm das Vorhandensein einer wirklichen Blendung suggerieren. In dem Masse, als er aber lernt, dass es auch *gemalte* Nachbilder gibt, wird der Schluss von den Nachbildern auf die Blendung immer weniger bindend und die Wirkung schwächt sich ab. Diesen eben geschilderten Vorteil der unwiderstehlichen Suggestion hat offenbar ein jeder Maler, der als erster eine derartige Nachahmung der Natur entdeckt und anzuwenden weiss. Der Beschauer, der diese Verhältnisse nicht kennt, unterliegt der Suggestion um so sicherer, je weiter abliegend vom Gewohnten die neue Erwerbung ist, während die späteren Beschauer, denen das neue Mittel durch vielfache Anwendungen, die sie in Bildern gesehen haben, geläufig geworden ist, von jener zwingenden Suggestion nichts mehr empfinden. So erklären sich die enthusiastischen Berichte aus dem Altertum über die ausserordentliche Natürlichkeit der von den damaligen Malern erreichten Wirkungen, während wir nach dem, was wir von jenen Malereien wissen, sie zwar vermutlich nach anderen Seiten sehr schön, aber nichts weniger als naturalistisch hervorragend finden wurden. Neulich wurde ich von einem Freunde gefragt, wie die zeitgenössischen Berichte über die ausserordentliche Natürlichkeit der Landschaften Giottos zu erklären seien, da doch, wie der Augenschein lehrt, diese Landschaften für uns von einer kindlichen Hilflosigkeit in der Auffassung und Darstellung sind. Die Antwort ist eben, dass jene Zeitgenossen neben den Gesichtseindrücken der wirklichen Natur ähnliche, durch Kunst hervorgebrachte nicht kannten und daher von der Annäherung, die Giotto als erster erreicht hatte, in derselben Weise suggestiv beeinflusst wurden, wie der heutige Beschauer von dem scharfsinnigen Nachbildermaler Jespersen.

Was ich Ihnen hier für die Blendungserscheinungen entwickelt habe, gilt natürlich allgemein von allen subjektiv empfundenen Wirkungen des äusseren Lichtes auf das Auge. Um Ihnen noch ein anderes Beispiel vorzuführen und Ihnen dadurch die ganz ausserordentliche Allgemeinheit und Fruchtbarkeit dieses Prinzips zu zeigen, will ich noch einen Fall erörtern, den des *fleckigen Himmels*. Seit einer nicht grossen Anzahl von Jahren fühlte ich mich durch eine dumme Manier, den Himmel zu malen, geärgert: sie bestand darin, dass man verschiedene blaue und rötliche grobe Striche kreuzweise nebeneinander setzte. Da ich den Himmel niemals so gesehen hatte, betrachtete ich die Sache als eine (sehr verbreitete) Mode, bis ich einmal auf ein Bild stiess, in welchem dies Prinzip sachgemäss und nicht äusserlich mechanisch benutzt worden war. Hier waren die beiden Farbtöne, ein grünblauer und ein rötlichvioletter, sorgfältig so gegeneinander abgestimmt, *dass ihre Helligkeit gleich war* und ihre gegenseitigen Grenzen dadurch sich nur sehr schwer erkennen liessen. Wenn man eine derart behandelte Fläche betrachtet, so weiss man nicht recht, auf welche von beiden Farben man das Auge einstellen soll, denn da das Auge nicht vollständig achromatisch ist, so braucht es für verschiedene Farben eine etwas verschiedene Einstellung. Eine ähnliche Unsicherheit empfindet man, wenn man in den ganz klaren Himmel schaut, in dessen Tiefe sich kein Gegenstand befindet, der vermöge seiner bestimmten Entfernung eine bestimmte Einstellung der Augen veranlasst, und daher rührt die Tiefenwirkung jenes gemalten Himmels.

Mit diesen Betrachtungen sind wir nun in ein neues Gebiet der Technik eingetreten, denn wir haben es nicht mehr mit dem Malmaterial an sich zu tun, sondern mit der Verwendung, die es zur Erzeugung bestimmter Wirkungen findet. Allerdings ist dies neue Gebiet mit dem früheren durch stetige Übergänge verbunden, denn Farbstoff und Bindemittel, Deckung und Lasur sind ja auch nur Mittel, von der Bildfläche aus im Auge des Beschauers einen Eindruck hervorzubringen, der dem der natürlichen Erscheinung nahekommt. Der Unterschied liegt nur in der zunehmenden Verwicklung und Vermannigfaltigung der Erscheinung. War es bisher nur die Farbe selbst ohne Rücksicht auf ihre Begrenzung und gegenseitige optische Beeinflussung, die wir betrachtet haben, so sind nunmehr die Übereinstimmungen und Verschiedenheiten zur Sprache gekommen, welche diese Farben in ihrer Wirkung auf das Auge im Vergleich zu der natürlichen Erscheinung zeigen.

XVII. Die Malakademie und die Urteile darüber. Die Notwendigkeit naturwissenschaftlichen Unterrichts. Seh- und Malfehler. Bewusstes Schaffen

Lieber Freund!

Sie äussern sich zufrieden mit den Anregungen und Förderungen, die Sie meinem letzten Brief entnommen hatten, betonen aber mit sichtlichem Ingrimm, dass Ihnen hiervon seinerzeit auf der Akademie nicht der leiseste Schimmer gesagt und erklärt worden sei, und dass Sie unzweifelhaft sich eine Menge nutzloser Arbeit und schwer überwundener Irrtümer erspart hätten, wenn Sie früher zu derartigen allgemeinen und doch auf den einzelnen Fall leicht anwendbaren Betrachtungen angehalten worden wären.

Ich selbst kenne den Betrieb der Akademieen nicht aus eigener Erfahrung, muss aber allerdings zugeben, dass die Äusserungen von Künstlern, aus denen später etwas Erhebliches geworden ist, über ihre auf der Akademie verbrachte Studienzeit fast ohne Ausnahme recht ungünstig lauten. Dies steht in einem auffallenden Gegensatz zu der Tatsache, dass die Gelehrten sehr oft ihrer Universitätslehrer dankend gedenken, ja nicht selten erklären, dass das Beste, was sie geleistet hätten, der Schulung oder wenigstens Anregung ihrer akademischen Jahre zu danken sei. Nun muss ich die Fähigkeit selbständiger *wissenschaftlicher Forschung* ebenso hoch stellen, wie die selbständiger *künstlerischer Gestaltung*. Wenn nun die erste Fähigkeit erfolgreich und in einer den Zögling befriedigenden Weise von einer Lehranstalt ausgebildet werden kann, so muss ich dies auch von der anderen annehmen, d. h. ich muss die Möglichkeit behaupten, den Unterricht auf der Kunstakademie ebenso förderlich und begeisternd zu gestalten, wie sich der wissenschaftliche Unterricht erfahrungsmässig gestalten lässt. Wenn dies Ziel nicht erreicht wird, so kann es nur an der Lehrmethode oder dem Lehrinhalt liegen. Denn an der Kunstakademie wird ja wie an der Universität der Unterricht von Solchen erteilt, die die Fähigkeit selbständigen Schaffens an eigenen Werken erwiesen haben.

Nun scheint allerdings an der Kunstakademie die Gruppe von Lehrfächern zu fehlen oder nur stiefmütterlich behandelt zu werden, die ich als unbedingt grundlegend für jede gesunde Kunstübung ansehen muss, die *Naturwissenschaften*. Anatomie einerseits, Geometrie und Perspektive andererseits werden wohl gelehrt. Aber mit wie dürftigem Erfolge, zeigt ein Rundgang durch irgend eine Ausstellung neuer Bilder, in denen die perspektivischen Fehler – nun wir wollen sagen – nicht selten sind. Dass Physik, insbesondere Optik, Physiologie des Sehens und endlich Psychologie gelehrt würden, scheint nicht vorzukommen. Mit der Chemie hat man im Interesse der maltechnischen Fragen allerdings eben einen schüchternen Anfang gemacht. Ich zögere nicht, die Ketzerei auszusprechen, *dass der bildende Künstler eine mindestens ebenso gründliche naturwissenschaftliche Bildung haben muss, wie beispielsweise der Mediziner.* Dafür kann er grosse Teile der üblichen Ästhetik, die wohl meist der Vortragende ebensowenig begreift, wie der Hörer, auf sich beruhen lassen. Andere Dinge, die mir ebenso entbehrlich scheinen, lasse ich lieber unbezeichnet, um die anzustrebenden Reformen zunächst in den Grenzen des Ausführbaren zu halten.

Sie werden fragen, woher der Schüler die Zeit hierfür nehmen soll. Die Antwort liegt darin, dass ihm eine rationelle, d. h. *auf die Sache gehende* wissenschaftliche Bildung, sei sie noch so elementar, das Handwerk seiner Kunst in ganz unübersehbarer Weise erleichtern wird. Was er sich sonst mühselig als eine unverstandene Regel hat einprägen müssen, wobei er sich immer noch zu besinnen hat, ob nicht gerade das Gegenteil vorgeschrieben ist, das braucht ihm alsdann nur einmal gesagt zu werden, und er kann es dem Zusammenhang seines rationellen Wissens einverleiben, denn es ist nur eine einzelne Anwendung allgemeiner Gesetze, die er kennt. Wenn man wie ich täglich gesehen hat, wie schnell einem Schüler die sachgemässe Anwendung allgemeiner Gesetze zur festen Denkgewohnheit werden kann, so hat man in eine derartige Lehrmethode ein unbegrenztes Vertrauen. Und wenn der Kunstschüler sich überzeugt, wie bald ihm das, was er lernt, die künstlerische Arbeit erleichtert, so wird er das Erwerben derartiger Kenntnisse mit derselben Freude betreiben, wie sie die Regel beim jungen Naturwissenschaftler ist.

Aber wohin bin ich geraten! Da ist wieder der Lehrer mit mir durchgegangen. Ich wende mich zu den psychophysischen Bedingungen der Malerei zurück, und mache Sie auf ein wichtiges allgemeines Verhältnis aufmerksam, das ich der Wirkung wegen auf eine möglichst auffallende Form bringe.

Zum Zwecke der malerischen Wiedergabe der Natur muss der Künstler erst neu sehen lernen.

Dies ist deshalb nötig, weil wir keineswegs die Dinge so sehen, wie sie sich, optisch gesprochen, dem Auge darbieten, sondern so, wie wir sie am besten erkennen. Wir benutzen nämlich gewöhnlich unsere Augen nicht dazu, um einfach die verschiedenen Farben- und Lichtempfindungen, die uns die Aussenwelt bietet, als *farbige Flecken* aufzunehmen, sondern um uns in der Aussenwelt für allerlei tägliche und praktische Zwecke zu *orientieren*. Beispielsweise sehen wir für gewöhnlich nichts von den schiefen Winkeln, unter denen uns infolge der perspektivischen Verschiebungen die Häuser erscheinen. Vielmehr fassen wir diese gesehenen schiefen Winkel als rechte auf, d. h. wir subtrahieren den uns bekannten Einfluss der Perspektive von dem tatsächlichen Gesichtsbilde und konstruieren uns daraus das rechtwinklige Haus. Dies macht sich geltend, wenn das Kind oder allgemein der unentwickelte Mensch zu zeichnen beginnt: alle Dinge, von denen er erfahrungsmässig weiss, dass sie rechte Winkel haben, zeichnet er auch rechtwinklig, obwohl sie ihm tatsächlich schiefwinklige Gesichtsbilder geben. Das gleiche gilt für die perspektivische *Verkleinerung* ferner Gegenstände: alle Fehler, welche der Ungeübte in dieser Beziehung begeht, liegen in dem Sinne, dass er die perspektivische Verkleinerung geringer zeichnet, als sie tatsächlich sich darstellt. Giotto hat beispielsweise noch nichts von der Perspektive verstanden und hat nur ungefähr gewusst, dass ferne Gegenstände kleiner erscheinen. Seine unaufhörlichen perspektivischen Fehler bestehen fast alle darin, dass er die Verkleinerung zu gering zeichnet.

Das gleiche gilt endlich für die Farben. Praktisch interessieren uns die Farben der Gegenstände auch nur als Hilfsmittel des Erkennens, und somit subtrahieren wir von jeder gesehenen Erscheinung die uns bekannte besondere Wirkung der gerade vorhandenen Beleuchtung und wenden unsere ganze Aufmerksamkeit auf die Erkennung der Eigenfarbe des Gegenstandes, seine sogenannte Lokalfarbe. Bis tief in die sogenannte grosse Zeit der italienischen Malerei kann man den Einfluss dieser Gewöhnung verfolgen; alle Bilder werden so dargestellt, als wären sämtliche Gegenstände durch farbloses Licht beleuchtet. Selbst dort, wo die Beobachtung so unzweideutig ist, dass sie nicht übersehen werden kann, wie bei dem Blau der Fernen, wird dieses wie eine Lokalfarbe behandelt, und von den besonderen Umständen, durch welche das Fernblau modifiziert wird, findet sich fast nichts beachtet und ausgedrückt.

Diese Beispiele liessen sich noch vielfach vermehren, doch werden Sie das wohl noch leichter und mannigfaltiger aus Ihrer Erfahrung tun können, als ich es vermag. So will ich nur einen allgemeinen Schluss daraus ziehen und ihn zu einer entsprechend allgemeinen Regel benutzen, die für die künstlerische Arbeit massgebend ist, soweit sie die Darstellung der natürlichen Erscheinung anstrebt. *Der Künstler muss sein Auge und sein Bewusstsein unaufhörlich dazu zwingen, sich jene für die Zwecke des praktischen Lebens erworbene innere Bearbeitung und Umgestaltung der Gesichtseindrücke wieder abzugewöhnen; er muss sich dazu erziehen, nur Formen und Farben zu sehen, ohne Beziehung auf das, was sie »in Wirklichkeit« darstellen.* In dem Masse, als er diese »Wirklichkeit« auszuschalten gelernt hat, wird er in den Stand gesetzt sein, in seinen Bildern den Eindruck der Wirklichkeit wiederzugeben. Denn seine Aufgabe ist ja, für jeden dargestellten Gegenstand im Auge des Beschauers die optische Wirkung hervorzubringen, welchen der Gegenstand hervorrufen würde, wenn er sich dort, wo er dargestellt ist, selbst befände. Die praktische »Übersetzung« oder das Erkennen besorgt dann der Beschauer des Bildes seinerseits; und gerade der Umstand, dass er diese Übersetzung erst selbst besorgen muss, ruft in ihm den Eindruck hervor, als befände sich der wirkliche Gegenstand vor ihm. Umgekehrt wird jede in das Bild hineingemalte derartige Übersetzung den Beschauer aufmerksam machen, dass es sich nicht um den Gegenstand selbst handeln kann, sondern nur um eine Darstellung desselben.

Wenn ich schliesslich das, was hier im einzelnen von Fall zu Fall erläutert worden ist, in einen allgemeinen Satz zusammenzufassen versuche, so erhalte ich die folgende Regel oder Mahnung, die sich jeder Künstler immer wieder ins Bewusstsein rufen sollte, bis er sich daran gewöhnt hat, beständig danach zu handeln. Diese Regel ist dieselbe, die sich aus den Mitteilungen der grossen Künstler selbst von Lionardo bis Böcklin als Summe ihrer Weise entnehmen lässt. Sie heisst:

Der Künstler schaffe bewusst. Er sei sich unaufhörlich klar über den Zweck, den er eben erreichen will, und über die Mittel, mit denen er ihn erreicht.

Jedem Künstler gelingen von Zeit zu Zeit noch weit über das von ihm Vorausgesehene und bewusst Gewollte in besonders glücklichen Augenblicken Dinge, über welche er selbst erstaunt. Hierin liegt eine Quelle grosser Fortschritte. Solchen glücklichen Funden gegenüber hat er die heilige Pflicht, nicht zu ruhen, als bis er genau herausgebracht hat, worauf die besondere und neue Wirkung beruht, die ihm da gelungen ist, und er hat die Richtigkeit einer auf diese Frage gefundenen Antwort dadurch zu prüfen, dass er eine gleiche oder ähnliche Wirkung nunmehr bewusst hervorbringt.

Dies ist in kurzen Worten der eine und wahrscheinlich häufigere Weg, auf welchem der Künstler fortschreitet. Ein anderer liegt darin, dass er sich durch die Natur, die Erfahrung Aufgaben stellen lässt, deren Lösung noch nicht versucht oder gelungen ist, und dass er durch das Experiment die Mittel zu gewinnen versucht, um das neue Problem zu bewältigen. Die Aussicht, eine derartige Aufgabe zu lösen, wird um so grösser sein, je sicherer der Künstler einerseits die bereits vorhandenen Ausdrucksmittel beherrscht, und je klarer er andererseits über die Bedingungen der Wirkung, optische, wie psychologische ist. Auch hier ist also eine möglichst weitreichende Klarheit und Bewusstheit die Grundlage alles Erfolges. Es findet hier eine ähnliche Umwandlung statt, wie in allen anderen menschlichen Dingen; was früher von dem unerklärbaren Eingreifen höherer Mächte abhängig erschien, wissen wir jetzt nicht nur naturwissenschaftlich zu begreifen, sondern auch hervorzubringen. *Ebenso hat in der Kunst die unbewusste Eingebung dem bewussten Können zu weichen.*

 tredition®

Über tredition

Eigenes Buch veröffentlichen

tredition wurde 2006 in Hamburg gegründet und hat seither mehrere tausend Buchtitel veröffentlicht. Autoren veröffentlichen in wenigen leichten Schritten gedruckte Bücher, e-Books und audio-Books. tredition hat das Ziel, die beste und fairste Veröffentlichungsmöglichkeit für Autoren zu bieten.

tredition wurde mit der Erkenntnis gegründet, dass nur etwa jedes 200. bei Verlagen eingereichte Manuskript veröffentlicht wird. Dabei hat jedes Buch seinen Markt, also seine Leser. tredition sorgt dafür, dass für jedes Buch die Leserschaft auch erreicht wird.

Im einzigartigen Literatur-Netzwerk von tredition bieten zahlreiche Literatur-Partner (das sind Lektoren, Übersetzer, Hörbuchsprecher und Illustratoren) ihre Dienstleistung an, um Manuskripte zu verbessern oder die Vielfalt zu erhöhen. Autoren vereinbaren direkt mit den Literatur-Partnern die Konditionen ihrer Zusammenarbeit und partizipieren gemeinsam am Erfolg des Buches.

Das gesamte Verlagsprogramm von tredition ist bei allen stationären Buchhandlungen und Online-Buchhändlern wie z. B. Amazon erhältlich. e-Books stehen bei den führenden Online-Portalen (z. B. iBookstore von Apple oder Kindle von Amazon) zum Verkauf.

Einfach leicht ein Buch veröffentlichen: **www.tredition.de**

Eigene Buchreihe oder eigenen Verlag gründen

Seit 2009 bietet tredition sein Verlagskonzept auch als sogenanntes "White-Label" an. Das bedeutet, dass andere Unternehmen, Institutionen und Personen risikofrei und unkompliziert selbst zum Herausgeber von Büchern und Buchreihen unter eigener Marke werden können. tredition übernimmt dabei das komplette Herstellungs- und Distributionsrisiko.

Zahlreiche Zeitschriften-, Zeitungs- und Buchverlage, Universitäten, Forschungseinrichtungen u.v.m. nutzen diese Dienstleistung von tredition, um unter eigener Marke ohne Risiko Bücher zu verlegen.

Alle Informationen im Internet: **www.tredition.de/fuer-verlage**

tredition wurde mit mehreren Innovationspreisen ausgezeichnet, u. a. mit dem Webfuture Award und dem Innovationspreis der Buch Digitale.

tredition ist Mitglied im Börsenverein des Deutschen Buchhandels.

Dieses Werk elektronisch lesen

Dieses Werk ist Teil der Gutenberg-DE Edition DVD. Diese enthält das komplette Archiv des Projekt Gutenberg-DE. Die DVD ist im Internet erhältlich auf **http://gutenbergshop.abc.de**